La mujer loca

Seix Barral Biblioteca Breve

Juan José Millás

La mujer loca

Diseño original de la colección:
Josep Bagà Associats

Primera edición: marzo 2014
Segunda impresión: abril 2014
Tercera impresión: mayo 2014
Cuarta impresión: mayo 2014

Avda. Diagonal, 662-664 - 08034 Barcelona
www.seix-barral.es
www.planetadelibros.es

ISBN: 978-84-322-2124-8
Depósito legal: B. 1.783-2014
Impreso en España
Unigraf, S. L., Madrid
Preimpresión: Víctor Igual, S. L., Barcelona

También disponible en e-book

El papel utilizado para la impresión de este libro
es cien por cien libre de cloro
y está calificado como **papel ecológico**.

1

Pobrema, por ejemplo, jamás había sido escrita ni pronunciada, no estaba en ningún libro ni en ningún periódico, no formaba parte de ninguna canción, de ningún verso, ni de manual alguno de instrucciones. Nadie la añadiría a la lista de la compra. **Pobrema** estaba excluida del mundo de las palabras, que no toleraban su presencia. Si se acercaba a un libro le cerraban el paso antes de que cruzara la cubierta; si a un diálogo, era rechazada por los que participaban en él; si a un taller de etiquetas o rótulos, terminaba en el cubo de la basura, junto a los desperdicios de la jornada. Inhábil para pertenecer a nada o a nadie, se ocultaba durante el día y por la noche salía a respirar, pegándose, como los insectos nocturnos, a las ventanas en las que había luz. Si descubría a alguien escribiendo o hablando al otro lado, intentaba llamar discretamente su atención con la esperanza de que solicitara sus servicios. Lejos de eso, la gente corría las cortinas o bajaba las persianas como quien vuelve la vista frente a un espectáculo desagradable.

Todo esto se lo contó la palabra **Pobrema** a Julia una noche que se coló en su habitación y revoloteó como un insecto alrededor de la lámpara antes de posarse con mil cautelas en el borde de la mesa. La chica dice que levantó los ojos del libro de gramática que tenía delante y preguntó a **Pobrema** qué hacía allí.

—Yo, nada —dijo **Pobrema**—. ¿Y tú?

—Yo estudio Lengua —confesó la chica.

—Entonces sabrás decirme por qué, siendo una palabra, no me aceptan en ninguna frase.

Julia dice que tomó un diccionario que había sobre la mesa, junto al libro de texto, y lo abrió para buscarla, pero no dio con ella.

—No estás aquí —dijo.

—¿Cómo voy a estar ahí si estoy aquí? —respondió **Pobrema**.

—Las palabras pueden estar en muchos sitios a la vez, pero si no estás aquí, no estás en ninguno porque no existes.

—¿Cómo puedes hablar conmigo si no existo?

—No lo sé, también hablo con personas imaginarias. Las personas imaginarias, sin existir, tienen una capacidad especial para comunicarse con las reales. Pero para ser una palabra has de significar algo como para ser médico necesitas un título.

—¿Y qué es el significado?

Julia hizo ademán de responder, pero al no dar con las palabras adecuadas, prefirió consultar de nuevo el diccionario.

—Aquí dice que el significado es el contenido semántico de cualquier tipo de signo.

—¿Y eso qué quiere decir?

—No lo sé.

—Busca «semántico», a ver qué pone.

Buscó semántico.

—Dice que es lo perteneciente o relativo al significado de las palabras.

—Pues hemos vuelto al principio —se quejó **Pobrema**.

—Sí —dijo, impotente, la joven.

—¿Pero para ti qué es el significado? —preguntó ahora la palabra inexistente.

—Sé lo que es, pero no sé explicarlo.

—Esfuérzate un poco, coño.

—Vamos a ver, mesa quiere decir mesa y árbol quiere decir árbol e idiota quiere decir idiota, así que cuando dices mesa ves una mesa dentro de tu cabeza y cuando dices árbol ves un árbol y cuando dices idiota ves a un idiota. Pero si dices **Pobrema** no ves nada porque **Pobrema** no quiere decir nada, por eso no eres una palabra.

—¿Y no podría ser una palabra falsa?

—¿Falsa, cómo?

—Pues como hay falsos policías o falsas monedas o enfermos falsos.

—No sé si hay palabras falsas.

—Bueno, ¿entonces qué soy?

—La verdad, no sé.

La joven dice que se encogió de hombros y regresó a lo suyo mientras **Pobrema** permanecía pensativa. Pasados unos minutos, la palabra inexistente volvió a hablar. Dijo:

—¿Y tú no podrías arreglarme lo de la falta de existencia?

La chica observó detenidamente a **Pobrema**. Luego sonrió malignamente, como si se le hubiera ocurrido algo divertido o perverso, y dijo:

—Tal vez sí. Desnúdate y túmbate en este folio.

Interrogada por Millás acerca del modo en que se desnudó la palabra, Julia respondió que con normalidad, quitándose la ropa. Así que eso es lo que hizo **Pobrema**, quitarse la ropa y echarse sobre el folio en blanco. Dice que parecía asustada, como cuando te bajas los pantalones o te desabrochas la blusa delante del médico. Tras examinarla de arriba abajo, la joven advirtió que amputándole la última sílaba (**ma**), se quedaría en **Pobre**.

—¿Y «pobre» quiere decir algo? —preguntó **Pobrema**.

—Sí —dijo Julia.

—Qué.

—«Pobre» quiere decir pobre.

Como **Pobrema** no abandonara su expresión interrogativa, Julia abrió una vez más el diccionario y leyó:

—Que carece de recursos.

Pobrema, que no parecía muy convencida de las ventajas de existir al precio de carecer de recursos y de ser mutilada, preguntó si le dolería que le quitara esa extremidad.

—Si te opero con anestesia —dijo la joven por seguir la broma—, no notarás nada.

Tras dudar un poco, **Pobrema** accedió a que Julia le amputara la sílaba sobrante con la punta de un bolígrafo. Resultó sencillo e indoloro, porque la tinta, inadvertidamente, poseía virtudes analgésicas. Cuando se le pasó el efecto de la anestesia, **Pobrema**, ahora convertida en **Pobre**, se levantó, se miró, se tocó el cuerpo con gestos de aprobación y se marchó contenta de significar algo, de ser alguien, de pertenecer a un vocabulario.

Julia dice que miró el reloj, bostezó y se metió en la cama.

2

Julia trabajaba entonces en la pescadería de una gran superficie que quedaba lejos de la habitación en la que vivía de alquiler. Cogía el metro muy cerca de la casa, pero tenía que hacer dos trasbordos y tomar luego un autobús que, ahora sí, la dejaba a las puertas mismas del centro comercial. Durante los trayectos de ida y vuelta descabezaba un sueño o hablaba con las personas imaginarias que aparecían dentro de su cabeza y cuya procedencia ignoraba. Quizá, se decía a modo de explicación, vengan de un mundo de gente sin cuerpo que necesita, para vivir, meterse en la cabeza de las personas de carne y hueso.

—La expresión «carne y hueso» —puntualizó— me produce inquietud.

Si Millás le pedía que precisara más al hablar de las personas imaginarias, cambiaba de asunto, como si se tratara de una cuestión inconveniente.

Dice que había llegado a pescadera buscando en internet cursos de formación gratuitos del Inem sobre cualquier cosa que le permitiera encontrar trabajo, pues necesitaba salir de la casa de su madre. Eligió el de pescadera porque le aseguraron que había mucha demanda y porque el programa incluía el estudio de las propiedades organolépticas del pescado. Le llamó la atención la esdrújula y dijo: este. Las propiedades organolépticas de un cuerpo, explicó a Millás, son las que se pueden percibir con los sentidos: el sabor, la textura, el olor y el color, etc.

—No te creas —añadió como si hubiera hecho una ingeniería—, el curso era de trescientas ochenta horas y tenías que aprender a identificar el pescado, a manipularlo, a conservarlo...

Aquella mañana, en el metro, halló un asiento libre en el que apenas se había acomodado para entregarse al sueño, cuando entró corriendo en su cabeza un tipo imaginario que parecía huir de algo. Ella se hizo la dormida para no tener que atenderle.

—¿Eres Julia? —preguntó el tipo.

No respondió, pero el hombre parecía muy agitado y volvió a preguntar elevando la voz. Julia se dio cuenta entonces de que llevaba un revólver en la mano. No tenía ni idea de lo que podría ocurrir en su cerebro si aquel sujeto imaginario disparara el revólver dentro de su cabeza. Seguramente no ocurriría nada, pues se supone que el revólver era imaginario también.

—Pero nunca se sabe —añadió—, pues en la realidad hay mucho intrusismo.

El caso es que la idea del disparo le dio miedo, así que mintió:

—No, no soy Julia —le dijo—. Creo que Julia es

aquella —añadió señalando con los ojos a una joven que iba junto a una de las puertas del vagón, con un libro abierto.

El tipo imaginario salió de su cabeza y debió de meterse, dice Julia, en la de la chica del libro, pues dejó de leer por un momento y puso cara de extrañeza. Al rato, cuando estaba de nuevo cogiendo el sueño, regresó el hombre imaginario acusándola de haberle mentido.

—De acuerdo —dijo ella—, soy Julia, pero deja de joder, ¿no ves que voy medio dormida?

El tipo aseguró que trataría de no molestarla, pero al poco empezó a contarle que había matado a un hombre.

—Ya —dijo Julia con naturalidad, pues entre la gente imaginaria ocurrían todo el tiempo cosas que entre la gente de carne y hueso (otra vez la carne y el hueso) parecerían atroces.

—Era mi cuñado y maltrataba a mi hermana —añadió el hombre.

—Ya no la maltratará más —dijo Julia.

—Pero ahora me persigue la policía.

—Pues yo no me quedaría en mi cabeza. Tarde o temprano pasarán por aquí. Todos los días pasan.

—¿Qué hago? —preguntó el hombre, indeciso, mirando a un lado y a otro.

—El vagón —contestó Julia— está lleno de cabezas. Métete en una cualquiera.

El asesino imaginario abandonó el cuerpo de Julia y se perdió entre la multitud de cabezas que a esa hora de la mañana llenaban el metro. Julia cerró de nuevo los ojos y pensó en **Pobrema**, la palabra a la que había salvado la vida la noche anterior, ahora transformada en **Pobre**, lo que, sin ser una ganga, quizá le había ayudado a encontrar ya su lugar en una frase.

—Pensé —le dijo a Millás— que las palabras, para ser alguien, tenían que pertenecer a una frase como las personas, para estar completas, tenían que pertenecer a una familia o a una banda.

Estaba dándole vueltas a esta idea cuando entraron corriendo en su cabeza un par de policías de uniforme.

—¿Eres Julia? —preguntaron.

—Sí, soy Julia —respondió con resignación.

—¿Ha pasado por tu cabeza un hombre armado?

—Sí, ha pasado corriendo.

—¿Y en dirección a qué cabeza ha ido?

Julia señaló con los ojos a la chica que leía un libro junto a la puerta.

—Hacia aquella —dijo.

Observó a la chica y vio cómo levantaba de nuevo los ojos del libro, esta vez, eso dice, francamente turbada.

Cuando llegó al trabajo, no había amanecido todavía. Entró por la puerta de los empleados y tras recorrer un pasillo un poco laberíntico, muy estrecho, llegó a un cuarto frío y mal iluminado, con taquillas de hierro, donde los trabajadores se cambiaban de ropa antes de comenzar la jornada. Sobre el mono de color blanco, que era la base de su uniforme, Julia se ponía además un delantal impermeable, unas botas como de pesca y unos guantes, de plástico, pues la manipulación de los peces, de por sí húmedos, exigía un contacto permanente con el agua y el hielo. Había en el vestuario tres o cuatro chicas más, de otras secciones. Una de ellas dijo:

—Ya verás tú como el sábado llueve.

—O llueve o no llueve —respondió la otra—. Si no llueve, llueve.

—¿Y eso qué quiere decir?

—Ni idea, lo decía mi padre. O llueve o no llueve; si no llueve, llueve.

Mientras escuchaba a Julia, Millás no dejaba de preguntarse si estaba perdiendo el tiempo o si la chica tendría un reportaje. Un reportaje loco. Le hipnotizaban sus alucinaciones verbales (¿serían ciertas?), la facilidad con la que se deslizaba de un asunto a otro, la exactitud en la reproducción de los diálogos ajenos... Escucharla era como asistir a un discurrir de conciencia, a una sucesión de monólogos encadenados.

—La cuestión —continuó Julia— es que tuve que mirar hacia donde estaban las chicas para comprobar que eran reales, pues me pareció que hablaban como las personas imaginarias.

Frente a un pequeño espejo que había en la parte interior de la puerta de la taquilla, se ajustó el gorro blanco que completaba el uniforme de la pescadería y compuso una sonrisa que no abandonaría ya durante el resto de la jornada. Según habían explicado a los aspirantes antes de comenzar a trabajar, deberían imprimir esa sonrisa en su rostro igual que un sello en un papel. Julia había ensayado hasta dar con una mueca que se parecía a una sonrisa como un insecto palo a un palo, dice ella, y que podía sostener durante toda la jornada sin cansancio muscular apenas. Bastaba con que de vez en cuando volviera discretamente el rostro y recuperara durante unos instantes la posición normal de los labios y la altura habitual de las cejas. Aquella sonrisa, en la que implicaba hábilmente a los ojos, funcionaba tan bien como gesto de amabilidad real que Julia le atribuía parte del éxito obtenido en los filtros de selección de la empresa.

Enseguida vio a Roberto, su jefe, a bordo de una carretilla mecánica, trasladando la mercancía recién llegada desde el muelle del supermercado a las cámaras frigoríficas. Julia lo siguió y entró detrás de él en una de estas cámaras fingiendo revisar las etiquetas de las cajas para comprobar que todo se encontraba en orden.

Roberto y Julia eran, por propia iniciativa, los primeros empleados en llegar al centro comercial. Media hora antes de que comenzara su jornada, ya estaban trabajando. A Julia le gustaba aquella media hora que pasaba a solas con él, aunque no hablaran o hablaran poco.

Roberto era filólogo, de lo que Julia se había enterado al poco de comenzar a trabajar en aquel centro escuchando una conversación muy improbable entre dos chicas de la sección de charcutería. Una de ellas había dicho:

—Es filólogo, pero trabaja aquí porque en su sector hay mucho paro. De lo primero que se quita la gente en épocas de crisis es del marisco y de la filología.

Julia investigó en la Wikipedia y averiguó que la filología era una disciplina que se ocupaba de las manifestaciones relacionadas con la lengua. Sin haber entendido del todo el artículo, que a ratos, dice, resultaba muy técnico, comprendió que Roberto conocía secretos de las palabras que la mayoría de las personas ignoraban. Ella misma apenas sabía nada, pues había abandonado los estudios muy pronto. Si ahora estudiaba gramática por las noches era porque quería estar a la altura de Roberto en las breves conversaciones que mantenía con él.

Esa mañana, cuando se encontraban los dos en el interior de la cámara frigorífica, se atrevió a preguntarle si había palabras inexistentes.

—La expresión «palabras inexistentes» —gritó él desde su asiento, mientras apilaba la carga depositada en la horquilla de la carretilla— es una contradicción. Si no existen, no existen.

—Ya —dijo ella.

—¿Qué dices?

—¡Que ya!

El ruido procedente del motor de la cámara dificultaba el entendimiento, de modo que Roberto se bajó de la carretilla y se acercó a Julia.

—¿No comprendes que una palabra inexistente no puede existir? Es como si dijeras que una calle estrecha es ancha.

—Bueno, no sé —dijo Julia—. La palabra **Pobrema**, por ejemplo, no existe y sin embargo la puedo pronunciar. Mira: **Pobrema**.

Tras unos instantes de desconcierto, Roberto se colocó el dedo índice sobre la sien, haciéndolo girar hacia un lado y otro, como indicando que Julia estaba loca, y regresó a la carretilla para abandonar la cámara en dirección al muelle.

Julia salió detrás de él dirigiéndose ahora al mostrador de la pescadería, donde tomó una manguera de boca ancha con la que comenzó a rellenar de hielo picado los mostradores de acero sobre los que luego ordenaría la mercancía. Aunque iba muy abrigada, pues debajo del mono blanco del uniforme llevaba un jersey grueso de cuello alto y una camiseta, el frío, en esa zona del centro comercial, era intenso. Más tarde, cuando se abriera al público y encendieran la potente iluminación, el ambiente se templaría un poco.

Tras rellenar de hielo los mostradores, se dirigió a una de las cámaras, donde cargó varias cajas en una carretilla manual que luego condujo hacia la tienda. Para entonces, se había incorporado ya el resto de los compañeros de la pescadería y cada uno estaba a lo suyo, preparándose para la llegada del público. Roberto iba de un lado a otro, comprobando que todo estuviera en orden y dando indicaciones cuando lo creía preciso. No era un jefe incómodo a condición de que la maquinaria funcionara de acuerdo a lo programado. En una de sus idas y venidas se detuvo donde Julia mostrándole su admiración por la habilidad con la que colocaba las pescadillas, a las que levantaba la cola de tal modo que daban la impresión de estar vivas.

—Nos lo enseñaron en el cursillo de formación, es muy fácil —dijo ella quitándose importancia.

—Así que **Pobrema** —dijo él regresando a la conversación anterior.

—**Pobrema** —dijo ella.

—¿Y de dónde has sacado esa palabra?

—Vino a verme anoche a mi habitación —respondió Julia.

Roberto se echó a reír sin dejar de ordenar los peces muertos. En esto se acercó una empleada de la sección de marisquería y le dijo que quedaban muy pocas coquinas y que estaban casi todas abiertas.

—No las saques —dijo él—, la coquina es muy delicada.

Cuando la empleada se retiró, Julia, sin dejar de ordenar la mercancía, dijo:

—La verdad, no sé de qué te ríes.

3

Esa noche, cuando Julia estudiaba gramática en su habitación, entró por la ventana la palabra **Pobre**. Se notaba que era la antigua **Pobrema** porque no le había cicatrizado del todo la herida provocada por la amputación de la sílaba **ma**. Ahora dijo que se sentía coja sin esa sílaba.

—Pues tendrás que elegir entre sentirte coja y significar algo o estar completa y no significar nada —le dijo Julia algo molesta.

La palabra, tras unos instantes de duda, decidió que si significar algo implicaba aceptar aquella minusvalía, prefería no significar nada. Julia se ofreció a implantarle de nuevo la sílaba, que había guardado para analizarla, dice, por si se tratara de un tumor maligno, y **Pobre** volvió a desnudarse y a tumbarse en la camilla para dejarse operar, o desoperar, según se mirara, por Julia, que le restituyó con un par de puntos de sutura la sílaba perdida. Transformada de nuevo en **Pobrema**, se levantó, se observó a sí misma, se palpó el cuerpo con expresión de alivio, como el que encuentra en uno de los bolsillos de la ropa la cartera que creía perdida, y dijo que aquello era otra cosa. Luego abandonó la habitación sin dar las gracias.

Dice Julia que debió de correrse la voz de que poseía una clínica gramatical o algo parecido, de modo que durante los siguientes días empezaron a presentarse en su habitación, mientras estudiaba, frases a las que no se atrevía a confesar que ni ella era doctora ni aquella habitación un sanatorio. Comprobó que las había de todos los tipos imaginables: frases con problemas físicos y frases con problemas psicológicos. También había frases con alteraciones psicosomáticas, de las que tenían mal el cuerpo por una complicación mental o mal la mente por un conflicto corporal. Vio frases rotas y frases descoyuntadas y frases con doble personalidad o doble sentido, por no hablar de frases lapidarias, lacónicas, malsonantes, simples, complejas, trasparentes...

Un día se presentó en la consulta la frase **Soy una frase**.

—¿Y a ti qué te ocurre? —preguntó Julia, que las trataba ya con cierta superioridad, como la mayoría de los médicos con experiencia a sus pacientes.

—Pues que soy una frase absurda. Si se ve a primera vista lo que soy, ¿qué necesidad tengo de ir pregonándolo?

—Todas las precauciones son pocas —dijo Julia—. Mira, yo misma sé que soy Julia, pero dispongo de un carné de identidad que lo demuestra. Por si acaso.

—¿Por si acaso qué?

—Por si me lo pide la policía, por ejemplo, este mes

me lo han pedido tres veces. A mí no se me nota por fuera que soy Julia porque no tengo forma de Julia. Podría ser Felicidad, o Antonia o Cayetana. Tú, además de tener forma de frase, dices de ti misma que eres una frase. Es imposible confundirte con otra cosa distinta, no necesitas carné de identidad ni certificado de nacimiento.

La frase se marchó más o menos convencida de sus ventajas. Curiosamente, la siguiente en pasar esa noche fue la oración: **No soy una frase**.

—A ver, ¿soy o no soy una frase? —preguntó a Julia.

—Claro que eres una frase —respondió la joven.

—¿Entonces por qué digo que no soy una frase?

—No sé —dijo Julia, que no se atrevió a tratarla directamente de mentirosa—, hay gente que dice que es esto y es lo otro. Resulta bastante común. En mi trabajo hay un pescadero que es filólogo. Quizá seas una frase espía, una intrusa que quiere pasar inadvertida entre las demás frases para averiguar algo de ellas. O tal vez una frase muy modesta, que no quiere presumir de frase. Tampoco a la gente lista de verdad le gusta presumir de lista.

—A mí, desde luego, nunca me ha gustado darme aires de frase —dijo **No soy una frase** en un tono de modestia altiva.

—Pues va a ser eso —concluyó la joven.

Julia no tenía respuestas para la mayoría de las cuestiones que le planteaban las frases, pero ellas continuaban acudiendo a su «consulta» y las atendía a todas, intentando no decepcionarlas ni decepcionarse, pues se tomaba el estudio de la gramática con una seriedad con la que nunca antes había abordado proyecto alguno. Por fortuna, muchas planteaban problemas sencillos de resolver. A **Mi perro está tuerta**, por ejemplo, le dolían las articulaciones porque, como advirtió Julia enseguida, **perro** y **tuerta** no concordaban. Le explicó a la frase que esa falta de concordancia venía a ser como introducir la pieza de un puzle en un hueco que no le correspondía.

—Sufrirían la pieza y el hueco —dijo—. Date cuenta de que **perro** es una palabra masculina y **tuerta** es una palabra femenina.

La frase puso cara de ignorar el significado de masculino y femenino, pues Julia venía observando que la mayoría de las oraciones, como la mayoría de las personas, no sabían nada acerca de sí mismas. A **Mi perro está tuerta** le sobraban las explicaciones, solo quería que Julia le quitara el dolor, así que la tumbó sobre la cuartilla, le puso un poco de anestesia y realizó en la palabra **tuerta** una pequeña operación consistente en transformar la **a** final en una **o**, de manera que quedó **Mi perro está tuerto**.

—Cuando la frase se incorporó —dice Julia— parecía otra, no le dolía nada.

La frase se lo agradeció muchísimo, y aunque vivía en un libro húmedo (una novela en la que llovía todo el rato, y donde era frecuente el reúma), no volvió a sufrir de las articulaciones.

—No todos los problemas que se me presentaban —matiza frente a la mirada estupefacta de Millás— eran tan sencillos.

En efecto, no. Una noche apareció en su habitación

Mi madre tiene alambres en los párpados, frase evidentemente desquiciada que sin embargo trajo a la memoria de Julia la aspereza de las pestañas postizas de su propia madre, que al besarla al tiempo de abrir o cerrar los ojos le arañaba el rostro. La oración estaba deprimida porque las otras frases con las que convivía en un método de aprendizaje de español para extranjeros huían de su compañía como de la peste.

—Físicamente —decía— me encuentro bien, no me duele nada, pero me deprimo al ver cómo me miran las demás oraciones del libro.

—Es que físicamente hablando eres normal —le respondió Julia—, todos tus elementos concuerdan y están bien ordenados. Además, suenas muy bien. **Mi madre tiene alambres en los párpados** posee, si te fijas, la cadencia de un verso.

Julia había estudiado hacía poco los versos de once sílabas, muy utilizados, según el libro, por los mejores poetas, y se dio cuenta enseguida de que pertenecía a esa clase.

—Eres un verso endecasílabo. En realidad tienes doce sílabas, pero como la última de tus palabras es esdrújula, hay que contar una menos, así son las normas. Estás dividida en dos partes, llamadas hemistiquios. El primero es **Mi madre tiene alambres**, y el segundo, **en los párpados**. Si te fijas, entre un hemistiquio y otro, para disfrutar de tu ritmo, conviene hacer un pequeño descanso. Habría que leerte de este modo: **Mi madre tiene alambres / en los párpados**.

La frase observaba a Julia con el respeto con el que un enfermo miraría a un médico que le da sobre sí explicaciones que no entiende, pero de las que depende su salud. Aun sin saber lo que era una sílaba ni lo que era un hemistiquio, todo lo que le decía Julia le sonaba muy bien.

—Encontraba gusto en ser tan compleja —explica Julia a Millás. De hecho, pensaba que en el libro de español para extranjeros la miraban mal por envidia.

—¿Entonces sueno bien? —preguntó la frase.

—Suenas muy bien —insistió Julia—. Tu problema no está en tu cuerpo, sino en tu cabeza.

—¿Quieres decir que estoy loca?

—Eres rara. Verás, no es normal tener alambres en los párpados.

La frase permaneció pensativa unos segundos y se acordó de la palabra **uñas**, que estaba en uno de los vocabularios del manual para extranjeros en el que vivía y cuyo sonido le gustaba mucho. Le pidió a Julia que le sustituyera la palabra **alambres** por la palabra **uñas**.

—Es que tampoco se suelen tener uñas en los párpados —respondió Julia con paciencia—. Ni uñas ni alambres, has de buscar un sustantivo diferente.

—¿Qué es un sustantivo? —preguntó la frase.

—Mira a tu alrededor —le dijo Julia, sin duda satisfecha por esta oportunidad de desplegar sus conocimientos— y dime qué ves.

—Una mesa.

—Pues «mesa» es un sustantivo. ¿Qué más?

—Un libro.

—Pues «libro» es un sustantivo. ¿Qué más?

—Una lámpara.

—Pues «lámpara» es un sustantivo.

—¿Entonces —preguntó asombrada **Mi madre tiene alambres en los párpados**—, todas las cosas que veo a mi alrededor son sustantivos?

—Así es, amiga. Sustantivos o nombres, se dice de las dos formas. «Mosca» es un sustantivo, «cama» es un sustantivo, «bolígrafo» es un sustantivo, «cuaderno» es un sustantivo, «ventana» es un sustantivo, «bata» es un sustantivo, «pijama» es un sustantivo...

—¿Y las partes del cuerpo humano son todas sustantivos o nombres?

—Todas.

—¿«Pierna» es un sustantivo?

—Sí.

—¿Y «ojo»?

—También.

—¿Y «paladar»?

—También, ya te digo que todas.

—¿Y «mierda»?

Julia se dio cuenta de que dijo «mierda» para provocar, pero lo pasó por alto y respondió que sí, que la mierda era un sustantivo.

—¿Y «coño»? —insistió **Mi madre tiene alambres en los párpados**.

—También.

—¿Puedo cambiar entonces **alambres** por **coños**?

—Probemos —dijo Julia para que la frase viera los resultados por sí misma—. Quítate la ropa y túmbate en esta cuartilla.

La frase **Mi madre tiene alambres en los párpados** se desnudó y se acostó sobre el folio blanco, donde con una sencilla operación Julia le cambió el sustantivo **alambres** por el sustantivo **coños**, quedando de este modo: **Mi madre tiene coños en los párpados**. Cuando la frase se miró en el espejo, no se gustó.

—Devuélveme los **alambres** —dijo disgustada.

Entonces Julia le propuso el sustantivo «pestañas». La frase miró a Julia con desconfianza, como si pretendiera engañarla.

—No me mires así —le dijo—, sales ganando porque lo que en realidad hay en los párpados son pestañas. Ese es tu único problema.

La frase se dejó operar de nuevo por Julia, quedando de este modo: **Mi madre tiene pestañas en los párpados**.

—¿Te gusta? —le preguntó Julia como un sastre le preguntaría a su cliente si se encontraba bien dentro del nuevo traje.

—Me gusto —respondió la frase.

—Pues no hay nada más que hablar. Me debes cien euros —añadió en un tono de broma que la frase no captó.

—¿«Euro» es sustantivo? —preguntó.

—Pues claro, ya te he dicho que todo lo que se toca o lo que se ve, incluso lo que se come o lo que se huele son sustantivos.

—¿Y lo que se oye?

—También. «Música» es un sustantivo, «ruido» es un sustantivo, «conversación» es un sustantivo.

—¿Te importa entonces que te dé cien piedras en vez de cien euros? Después de todo, «piedra» también es un sustantivo.

No fue fácil explicarle la diferencia de valor entre unos sustantivos y otros, así que al final la dejó marchar sin cobrarle; después de todo, se lo había dicho en broma. Por lo que Julia pudo averiguar más tarde, aquella frase pasó la vida perfectamente, sin que nadie se volviera a meter con ella, en el mismo manual para extranjeros en el que antes le hacían la vida imposible.

4

El estudio del sustantivo, que le había permitido tratar adecuadamente el problema de **Mi madre tiene alambres en los párpados**, produjo efectos indeseables en el estado de ánimo de Julia. Le empezó a resultar agobiante saber que estaba rodeada de sustantivos, que ella misma era un sustantivo en la medida en que se trataba de una chica o una joven o una mujer o una pescadera, daba igual, en todas sus versiones era un sustantivo, como la gente que la rodeaba en el metro, cuando iba a trabajar, como el vagón que los contenía a todos, lo mismo que sus ventanas y sus puertas, igual que las chaquetas de los hombres o sus relojes y las blusas de las mujeres, con sus botones, sustantivos también. Allá donde mirara, qué veía: rostros, cada uno de ellos con su boca y su nariz y sus ojos y sus orejas y su pelo, es decir, un sustantivo relleno de otros sustantivos (pensó en un pollo relleno de pollo). Y si bajaba la vista, ahí estaban los pies y los zapatos (sustantivos gemelos) y las piernas y los bolsos que colgaban de los hombros de las mujeres o las carteras que sujetaban los hombres en sus manos. No había un solo resquicio al que asomarse por el que no apareciera un sustantivo. El mismo olor del metro era un sustantivo, igual que el ruido que emitían sus ruedas o el rumor que le llegaba de las conversaciones. De repente comprendió la extraña decisión de **Pobrema**. No significar nada, de acuerdo, pero tampoco pertenecer a aquel rebaño infinito.

Aquel día, en medio de un ataque de ansiedad provocado por la invasión de sustantivos, abandonó el metro, salió a la superficie en cualquier estación y tomó aire sabiendo que tomaba, irremediablemente también, un sustantivo. Luego vagó por las calles, todas ellas sustantivos, y fue fijándose en los portales y en los automóviles aparcados, y dice que se detenía frente a los escaparates de los comercios, todavía apagados, pero acercaba los ojos al cristal para observar sus contenidos y todos los escaparates, sin excepción, estaban llenos de sustantivos. Perdió en este vagar la noción del tiempo y fue haciéndose de día y entró en un mercado donde vio sustantivos muertos y abiertos en canal y muchos de ellos convertidos en filetes, pero los filetes eran sustantivos también, como la carne de la que procedían. No importaba en cuántas partes despiezaras un animal, ni lo grande que fuera, porque todo lo que obtenías de él, incluido lo no aprovechable, era, lo quisieras o no, un conjunto de sustantivos. Había sustantivos con plumas, muchos de ellos sin cabeza, y sustantivos procedentes del mar, ese otro sustantivo gigante, del que procedía el sustantivo calamar, el sustantivo atún, el sustantivo sardina, el sustantivo rape, el sustantivo emperador, el sustantivo merluza, el sustantivo chirla, almeja, gamba, camarón, centollo... Y tanto si estaban muertos como si estaban vivos, si estaban congelados como frescos, eran sustantivos.

Abandonó el mercado ajena todavía a la hora y se le ocurrió la posibilidad de andar observándolo todo de forma minuciosa por si fuera capaz de hallar, entre todos los sustantivos de los que estaba compuesto el mundo, algo que escapara a esa condición gramatical, alguna grieta que la asomara a algo liberador, a algo que por fin fuera otra cosa. No era capaz de imaginarse la forma de ese algo, tampoco su función, pero enseguida comenzó a fantasear con la idea de que lo tomaba entre sus manos y se lo llevaba a su cuarto y que enseguida se corría la voz de que alguien, una chica modesta, de nombre Julia, empleada en la pescadería de una gran superficie, había hallado una cosa que, sin dejar de ser una cosa, no era un sustantivo. Y soñó que se organizaban colas para ver aquella rareza y que la invitaban a la televisión para que la mostrara al mundo y que todos los canales, excepto aquel en el que ella aparecía con su no-sustantivo, se quedaban aquella noche sin audiencia. Y que por la calle se acercaban a ella y le pedían autógrafos y la abrazaban por haber descubierto al fin un objeto que no era un sustantivo. Y luego le daban el Nobel, no sabía de qué, no tenía ni idea de en qué clase de Nobel podía encajar aquel hallazgo, quizá se tratara de un Nobel de nueva creación, un Nobel específico que se entregaría cada vez que alguien aportara al mundo el descubrimiento de una cosa que, sin dejar de ser una cosa, lograba no ser un sustantivo. Y con el dinero del premio montaba un laboratorio de investigación formado por personas de bata blanca que con las tecnologías más avanzadas se entregaban a la búsqueda de un universo paralelo al nuestro formado por entidades que, pese a ser entidades, no fueran sustantivos.

Mientras la fantasía se desarrollaba dentro de su cabeza, Julia había ido volviendo sin darse cuenta a su barrio, y fue al llegar a él cuando la ansiedad, prácticamente desaparecida gracias al recibimiento del Nobel, regresó con más fuerza al encontrarse rodeada de todos los sustantivos que le eran familiares. Sintiendo que le faltaba la respiración, se dirigió instintivamente al ambulatorio y pidió ser atendida en el servicio de urgencias.

—¿Qué le ocurre? —preguntó la doctora, que era muy joven, pero que parecía también muy perspicaz.

—Verá, doctora —dijo Julia casi al borde del jadeo—, me dirigía a mi trabajo en el metro cuando he tenido que salir porque...

—¿Tenía la sensación de ahogarse? —preguntó la doctora.

—En cierto modo, sí, verá, me agobiaba la idea de estar rodeada de sustantivos. No podía mirar a ninguna parte donde no hubiera un sustantivo. Las cabezas de las personas, sus ojos, sus orejas, su labios, los dientes de detrás de los labios y sus vestidos y sus bolsos y su zapatos y sus calcetines... Luego he entrado en un mercado lleno también de sustantivos de carne, ya sabe, corderos, y pollos y peces... Todo ello junto a la idea de que yo misma soy un sustantivo compuesta de sustantivos como el hígado o el páncreas o los pelos y las uñas y los dedos de las manos y de los pies, también sustantivos las manos y los pies...

La doctora observó a Julia con una mezcla de extrañeza y piedad. Luego se levantó de su sitio, detrás de la mesa, y fue a donde se encontraba sentada ella y le puso una mano en el hombro, como para comprobar si la paciente rechazaba su contacto.

—¿Te ocurre esto desde hace mucho tiempo?

—Desde que empecé a estudiar gramática.

—Bueno, no te apures. Has sufrido un ataque de ansiedad con efectos en la respiración. ¿Sabes en qué consiste hiperventilar?

—No, doctora.

—Bien, consiste en tomar más oxígeno del que nuestro cuerpo necesita. Sucede en situaciones de pánico como la que acabas de atravesar. ¿No notas que ahora mismo estás respirando más de lo normal?

—Sí, porque me falta el aire.

—La hiperventilación produce esa sensación, pero en realidad estás respirando por encima de tus necesidades. Procura relajarte y te encontrarás mejor.

La doctora tomó de un cajón de su mesa una bolsa de papel e indicó a Julia que se la aplicara a la boca y respirara dentro de ella.

—¿Para qué? —preguntó Julia.

—Ya verás como poco a poco, al respirar el anhídrido carbónico que sale de tus pulmones, te vas tranquilizando y recuperas el ritmo normal.

A los pocos minutos, el ataque de ansiedad había desaparecido o al menos se había replegado.

—Creo que ya estoy bien —dijo Julia con expresión de sorpresa. No había imaginado que fuera tan sencillo.

La doctora le recetó unos ansiolíticos, y le dio un

volante para el especialista, recomendándole que acudiera a él si el pánico a los sustantivos atacaba de nuevo.

—Al psiquiatra —añadió para que quedara claro.

—¿Cree que estoy loca, doctora?

—No, son momentos por los que se atraviesa y para defendernos de ellos está la medicina. ¿Quieres que te dé la baja para que no vayas a trabajar en un par de días?

—No, deme solo una nota para justificar el retraso de hoy.

La doctora anotó en un papel que Julia había acudido esa mañana al servicio de urgencias por una indisposición pasajera, se lo entregó dentro de un sobre y la despidió estrechándole la mano con expresión de afecto.

—¿Puedo llevarme la bolsa del anhídrido carbónico? —preguntó Julia.

—Claro, tómala, pero sirve cualquiera. ¿No lo habías visto en ninguna película?

—Es que voy poco al cine —se disculpó.

Todos los médicos debían ser así, pensó Julia, agradecida, al abandonar la consulta.

Antes de meterse en el metro, entró en una farmacia y adquirió los ansiolíticos que le había recetado la doctora. Allí mismo abrió la caja, sacó uno y se lo tragó tras acumular en la boca un poco de saliva. A los diez minutos, ya dentro del vagón del metro, notó que la abundancia de sustantivos había dejado de importarle y pensó que era por la pastilla, otro sustantivo.

5

Dice que llegó al trabajo a media mañana y entregó a Roberto el justificante.

—¿Qué ocurre? —preguntó él tras leerlo.

—Me ha dado en el metro un episodio de hiperventilación —dijo ella, orgullosa de emplear aquel tecnicismo— y he tenido que ir corriendo a urgencias.

—¿Claustrofobia?

Julia vio entonces la oportunidad de hablar de gramática con el filólogo y respondió:

—No, no fue por la claustrofobia, sino por los sustantivos.

—¿Los sustantivos?

—Sí, la idea de que, mirara adonde mirara, solo hubiera sustantivos me pareció agobiante. Como encontrarme en el interior de un enjambre de abejas. Estaba sentada sobre un sustantivo, yo misma era un sustantivo y mis zapatos y mi ropa y los zapatos y la ropa de los demás también eran sustantivos, como las gafas de la gente y sus bigotes, sus pañuelos, sus ojos, sus libros, sus periódicos...

—Tú no estás bien de la cabeza, chica —dijo Roberto.

—La cabeza también es un sustantivo —respondió ella.

Roberto se quedó mirándola con un gesto entre divertido y vacilante, como si dudara de que la joven hablara en serio. Luego la tomó del brazo y la condujo a un lugar menos transitado, como para decirle un secreto.

—Pero las cosas no son sustantivos, Julia. Sustantivos son las palabras con las que nombramos las cosas. Si lo piensas bien, no es lo mismo.

—¿Los peces no son sustantivos o nombres?

—No, el sustantivo o nombre es la palabra «pez».

—¿Y entonces el pez qué es?

—El pez es el animal que nombramos con la palabra «pez».

Julia dice que sintió vértigo, como si hubiera alcanzado el borde de un precipicio o como si acabaran de abandonarla en el centro de un laberinto. Se dio cuenta de que no sabía muy bien en qué consistía nombrar. ¿Nombrar algo era un sucedáneo de poseerlo? ¿Nombrábamos las cosas porque no teníamos otro modo de acercarnos a ellas? ¿El nombre era una barrera o un puente entre nosotros y el mundo? De no haberse tomado el ansiolítico, habría sufrido otro episodio de hiperventilación. Aun así, pensó que tendría que aumentar la dosis si no lograba apartar aquellos pensamientos de su cabeza.

—No acabo de entenderlo —dijo al fin.

—¿Qué es lo que no entiendes?

—No entiendo bien lo que ocurre entre las palabras y las cosas, ni lo que significa exactamente nombrar algo. Cree una que sabe algo y no lo sabe.

—Bueno, ahora cámbiate de ropa y sal a despachar, que está la tienda hasta arriba. Yo me ocupo de entregar tu justificante en Personal.

Ya en el vestuario, se tomó otro ansiolítico, y luego, mientras se cambiaba, pensó que si el sustantivo no era la cosa sino el puente hacia la cosa, su propio nombre, Julia, tampoco era ella sino un puente hacia ella. Quizá un puente roto, si pensaba en algunos episodios de su relación con la vida. Sin embargo, ella decía para sus adentros «Roberto» y parecía que poseía a Roberto, al modo en que solo con decir la palabra «limón» se le llenaba la lengua de saliva. Ya de uniforme, salió a la tienda y comenzó a atender al público sin dejar de pensar en el tipo de dependencia que las cosas tenían de las palabras, o las palabras de las cosas, sin hallar el nexo por el que las primeras vivían atadas a las segundas y al revés. En efecto, se dijo mientras limpiaba medio quilo de salmonetes, la palabra «pez» no es exactamente el pez. Y al decírselo sintió una turbación enorme, como si hubiera atravesado un velo, situándose en una instancia diferente de la realidad.

Pese a todo, y gracias al segundo ansiolítico, cuyos efectos se habían sumado eficazmente a los del primero, atendió sin problemas hasta el descanso del mediodía, aunque más despacio de lo habitual, como a cámara lenta, siendo consciente de cada uno de sus movimientos. Por lo general, dice, era muy rápida: en dos minutos abría una dorada y extraía de su cuerpo, por fresca que estuviera, la espina central sin que un gramo de carne se quedara adherido a ella. Y les arrancaba las escamas, que saltaban alrededor del cuchillo como las chispas de una bengala, sin dañar en absoluto la piel. No había perdido eficacia, pero sí velocidad. Algunos de sus compañeros se lo hicieron notar por lo bajo, al pasar junto a ella (¡date prisa!). Pero Julia no se agobiaba al ver que la realidad iba más deprisa que ella, incluso le producía cierta gracia que se cuidó de manifestar.

Al llegar la hora del descanso, se dirigió a una de las puertas de los muelles donde recibían la mercancía y salió a tomar el aire rumiando aún el asunto de las relaciones entre las palabras y las cosas. Había ahí algo irreductible, algo que no se podía pensar o que ella no era capaz de hacerlo. Al rato, apareció Roberto con unas cajas vacías que apiló junto a otras que permanecían pegadas a la pared.

—Así que estás a vueltas con los sustantivos —comentó dirigiéndose a Julia.

—Sí —dijo ella—, con los concretos.

—Pues ya verás cuando llegues a los abstractos —le advirtió él regresando al interior a por más cajas.

En realidad, le explicó a Millás, ya había estudiado también los abstractos, pero le pareció que soltar aquel tecnicismo («con los concretos») de la forma natural que lo hizo impresionaría a Roberto.

Esa noche, cuando estaba dispuesta a dejarse caer sobre la cama antes de lo acostumbrado debido al efecto de los ansiolíticos, se presentó en su habitación una frase que dijo pertenecer al mismo manual de español para extranjeros que **Mi madre tiene alambres** [ahora pestañas] **en los párpados**. La frase era **Salí del metro por culpa de un ataque de ansiedad**.

A Julia le extrañó que la frase tratara de ella (también en los **alambres** de la anterior había percibido una alusión a la dureza de las pestañas postizas de su madre), por lo que se sintió un poco perseguida.

—¿Y a ti qué te pasa? —preguntó de forma algo huraña.

—Le dijiste a **Mi madre tiene alambres en los párpados** que sustantivo o nombre era todo lo que se podía ver y tocar y oler, como un gato o como una mierda o como un coño.

—Te ruego —dijo Julia adoptando la seriedad de una doctora— que evites la pronunciación de sustantivos inconvenientes.

—De acuerdo, ¿pero te importaría ver los sustantivos de los que estoy compuesta yo?

—Quítate la ropa y túmbate en la camilla.

Una vez desnuda y tumbada sobre el folio, Julia fue buscándole los sustantivos o nombres de los que estaba compuesta **Salí del metro por culpa de un ataque de ansiedad**.

—Aquí detecto el sustantivo **metro**, el sustantivo **culpa**, el sustantivo **ataque** y el sustantivo **ansiedad** —dijo señalándolos con la punta del bolígrafo, sin tocarlos apenas, como un dermatólogo que buscara irregularidades sospechosas sobre el cuerpo de un paciente.

—¿Estás segura de que **culpa**, **ataque** y **ansiedad** son sustantivos? Te lo digo porque ni los veo ni los toco ni los huelo.

Julia le explicó que había, en efecto, dos clases de sustantivos o nombres: los concretos, como «mesa» o «bolígrafo», que se podían tocar, y los abstractos, como «pesadilla» o «culpa», que solo se podían sentir.

—Los nombres abstractos —añadió— se perciben con el intelecto. La «gilipollez», por ejemplo, o la «belleza», así como la «dicha», la «brutalidad» o la «maldad» son sustantivos abstractos porque nombran cosas que no se pueden tocar con los dedos de las manos, pero sí con los de la inteligencia.

—¿Son objetos espirituales? —preguntó la frase.

—Algo así —respondió Julia.

—Claro —añadió reflexivamente **Salí del metro por culpa de un ataque de ansiedad**—, es que no es lo mismo una llave inglesa que un sentimiento.

—Lo has entendido muy bien. «Sentimiento» es un sustantivo abstracto mientras que «llave» es un sustantivo concreto.

—De modo —añadió la frase— que yo estoy compuesta de tres sustantivos abstractos (**culpa, ataque** y **ansiedad**) y de uno concreto (**metro**), mientras que los sustantivos de **Mi madre tiene alambres en los párpados** son todos concretos.

—Ya no tiene **alambres**, ahora tiene **pestañas**.

—Pues **pestañas**, da igual, el caso es que son todos concretos, ¿no?

—En efecto.

—Significa —concluyó **Salí del metro por culpa de un ataque de ansiedad**— que yo soy más espiritual que mi compañera.

—Si quieres verlo así...

Dice Julia que la frase espiritual se marchó muy satisfecha de sí misma. Ella se dejó caer vestida sobre la cama y se durmió al instante.

6

Esa noche, pese a los ansiolíticos, que quizá, pensó tras leer el prospecto, no eran muy fuertes, se despertó de madrugada con la inquietud de haber entendido mal, al estudiarla, la noción de sustantivo. ¿Qué habría pensado Roberto de ella al ver que confundía la palabra que nombraba la cosa con la cosa misma? La palabra abría la puerta para acercarse a la cosa. Y punto. Si te comías la palabra «pan», pensó, no se te quitaba el hambre. Tampoco con la palabra «tijera» podías abrir el vientre de un besugo. La palabra era la versión lingüística de los objetos como la instantánea era su versión fotográfica.

Aun comprendiendo el asunto de un modo racional, sus emociones la conducían con frecuencia al punto anterior, como si en los razonamientos de Roberto hubiera una trampa. Pensó de nuevo en su nombre, Julia. Tal como lo había estudiado, se trataba de una forma especial de sustantivo, un sustantivo que designaba a una persona. Pero para ella, el sustantivo y la persona eran lo mismo. ¿Acaso podría haberse llamado María, o Alejandra o Mónica? De ninguna manera. ¿Podría Roberto haberse llamado Manuel, Francisco o Pedro? Tampoco. Ella decía **Roberto** y se estremecía como si él estuviera metido dentro de la cama, con ella.

—A veces —le dijo a un Millás incómodo— la palabra **Roberto** se introducía por los distintos orificios de mi cuerpo (mi culo, mi coño, mis oídos, mis narices) y me recorría por dentro proporcionándome un placer de una intensidad desconocida.

En esto, dice, oyó un ruido, encendió la luz, saltó de la cama y se encontró al sustantivo **Hombre** encima de la mesa. Ella iba en pijama, lo que al sustantivo no pareció importarle. En cuanto a Julia, pese a saber ya que el sustantivo **Hombre** no era lo mismo que un hombre, le pidió que mirara hacia otro lado mientras se ponía la bata blanca de médico, que era también de pescadera, con la que había empezado a atender a las palabras.

El sustantivo **Hombre** empezó a hablar del tiempo. Que si llovía, que si no llovía, que si dejaba de llover. Parecía uno de esos pacientes a los que les da vergüenza contar lo que les pasa nada más entrar en la consulta. Entonces hablan y hablan de esto y de lo otro hasta que cogen confianza. Cuando llevaba un rato parloteando, Julia le invitó con delicadeza a que le contara su problema. El sustantivo miró a un lado y a otro, como con miedo a que alguien le pudiera oír, y al fin dijo:

—Verá, yo me he informado y sé que soy un sustantivo masculino. El problema es que no me encuentro el sexo por ninguna parte.

—Es que los sustantivos —le explicó Julia— no tienen sexo, tienen género, que no es exactamente lo mismo. **Hombre** es, desde el punto de vista del género, masculino, igual que bolígrafo —añadió Julia tomando uno entre sus manos—. Mesa, sin embargo, es femenino.

—¿Y mesa tampoco tiene sexo?

—Ya le he dicho que las palabras tienen género. El género, a primera vista, se parece un poco al sexo, pero no es el sexo.

Por lo que Julia había averiguado, no solo las palabras confundían el sexo con el género. Los humanos también caían con frecuencia en ese error. Ella misma se había enterado hacía poco de que el sexo era un atributo exclusivo de los seres vivos, mientras que el género era una característica de los seres gramaticales.

—¿Y el género, como el sexo, sirve también para reproducirse? —preguntó la palabra **Hombre**.

—Pues no —dijo Julia— porque la reproducción es una característica biológica, propia de los animales y las plantas.

—Entonces, si yo me uno a un sustantivo femenino, ¿no pasa nada?, ¿no tenemos hijos?

—¿Con qué sustantivo femenino le gustaría unirse? —preguntó Julia.

—Pues con **Hombra**, lógicamente.

—**Hombra** no existe, amigo **Hombre**.

—Ya decía yo. Llevo toda mi vida buscando una **Hombra** sin dar con ella.

—A veces corremos detrás de cosas que no existen.

—¿Y si me caso con el sustantivo **Mujer**, que creo que es femenino? —preguntó.

—Si se casan un hombre y una mujer —dijo Julia

aplicando sus últimos conocimientos—, pueden tener hijos. Pero no hay que confundir a las personas con las palabras que las nombran. La palabra «hombre» nombra a un ser humano, pero no es el ser humano. Tampoco el sustantivo «piedra» es el objeto piedra. Con una piedra se le puede abrir a alguien la cabeza, con la palabra «piedra» no.

La palabra **Hombre** se mostró tan perpleja como la misma Julia cuando descubrió esa verdad.

—¿Estás diciendo que yo, un hombre, no soy un ser humano?

—Claro, del mismo modo que la palabra «mesa» no es una mesa ni la palabra «pizza» es una pizza. Si la palabra «pizza» fuera una pizza, acabaríamos con el hambre en el mundo en dos días. Quienes confunden la palabra con la cosa se vuelven locos.

—¿Ahora me estás llamando loco?

—Loco no, pero un poco trastornado sí parece que estás. Y no te ofendas, yo también tengo problemas psicológicos.

—¿Hablas en serio? —preguntó, indignado, **Hombre**—. ¿De verdad es un problema psicológico aspirar a tener una mujer, unos hijos, una familia?

El sustantivo **Hombre** empezó a ponerse violento, así que Julia se levantó y le dio unas palmadas en la espalda al tiempo que le hablaba acerca de las ventajas del género frente al sexo. Luego le ofreció uno de los ansiolíticos que la médica le había recetado a ella.

—Tómate esto, que te sentará bien.

Una vez que le hizo efecto la pastilla, ya más tranquilo, preguntó de qué dependía que unas palabras fueran masculinas y otras femeninas y Julia le dijo que no lo sabía, que no lo sabía nadie, que ese era uno de los grandes misterios de la lengua.

—¿Y cómo se distinguen unas de otras? —preguntó.

—Algunas —le dijo Julia— no se distinguen. El sustantivo «pared», por ejemplo. O sabemos que es femenino o no lo sabemos, pero no hay manera de averiguarlo de otra forma. Por lo general, son masculinas las palabras que terminan en o y femeninas las terminadas en a. «Cuadro» es un sustantivo masculino y «puerta» un sustantivo femenino.

—Pero «mano» —dijo **Hombre**— termina en o y es femenino, creo, porque nadie dice «el mano», sino «la mano».

—Llevas razón.

—Y «mapa» termina en a y debe de ser masculino porque no se dice «la mapa», sino «el mapa».

—De nuevo llevas razón, señor **Hombre**. E «idioma» termina en a y es masculino. No decimos «la idioma». Hay palabras que se disfrazan de masculinas y son femeninas, o al revés. De todos modos, «mano», «mapa» o «idioma» son excepciones. Lo normal es que cuando una palabra termina en o sea masculina y cuando termina en a femenina.

Despachó a **Hombre** antes de que se le pasaran del todo los efectos del tranquilizante y se metió en la cama muerta de sueño. Le aterraba la idea de tener que explicarle que además del masculino y el femenino existía también el género neutro, que no era ni una cosa ni otra. Por ese día ya había tenido bastante.

7

Aunque el supermercado abría también los fines de semana, aquel sábado, dice Julia, le tocó librar, de modo que el viernes por la noche se tomó dos ansiolíticos, en vez de uno, y se levantó tarde y algo torpe. Tras calzarse las zapatillas y colocarse sobre el pijama una bata gruesa, adquirida al poco de alquilar la habitación, hizo una breve visita al cuarto de baño y se dirigió luego a la cocina, a cuya mesa permanecía sentado Serafín, el dueño del piso.

—Buenos días —saludó Julia.

—Hola —dijo él, y continuó recorriendo con el dedo, como si estableciera una ruta, el mantel de hule, en el que había impreso un gran mapa de la India. Jubilado desde hacía algunos años, su vida laboral había transcurrido en una agencia de viajes, lo que, además de proporcionarle una considerable cultura geográfica, le había permitido viajar por todo el mundo. Delgado y fibroso, llevaba puesto el chándal con el que andaba por la casa y que le estaba grande, pues era partidario de las prendas muy anchas, especialmente aptas para la postura en la que solía meditar.

Julia le contó a Millás que había dado con la habitación de Serafín Marbas a través de un anuncio, en internet. Le pareció que en aquella combinación de nombre y apellido se ocultaba un mensaje encriptado, ya que Serafín era el nombre de un ángel y Marbas el de un diablo. La chica sabía bastante de ángeles y de diablos porque había dedicado muchas horas a su estudio después de que un día, en el metro, alguien le hubiera dicho que era un ángel. Se trataba de una mujer que al dirigirse a la puerta del vagón, dispuesta a abandonarlo, y aprovechándose de las estrecheces de la hora punta, había acercado sus labios a uno de los oídos de Julia, casi como si fuera a besarla, para susurrarle:

—Chica, eres un ángel.

Paralizada por la impresión, Julia había visto cómo la mujer alcanzaba el andén, cómo las puertas se cerraban a su espalda y cómo el tren las alejaba luego mientras cada una de ellas mantenía su mirada en la de la otra. Por la noche, en la cama, cuando cerró los ojos, la vio de nuevo flotando, más que caminando, sobre unas botas de color amarillo dotadas de unas plataformas formidables. Sus labios, cuyos límites estaban marcados por una línea negra, como dibujada con un lápiz de ojos, componían una sonrisa irónica dedicada a una Julia perpleja.

Ni por su forma de vestir ni por sus actitudes, la mujer formaba parte del mundo que a esas horas viajaba en el metro. Desde que ingresara en el vagón, abriéndose paso entre la muchedumbre con las maneras de una diosa (o de una puta, puntualizó Julia dirigiéndose a Millás) para instalarse junto a una de las puertas del fondo, no había dejado de observarla. Cuando la mujer le devolvía la mirada, y se la devolvía con frecuencia, Julia, sofocada, desviaba la suya. No obstante, realizó un inventario completo de su atuendo, consistente en una blusa amarilla, a juego con las botas, que se amoldaba con una perfección anormal a su cuerpo, como si poseyera una flexibilidad líquida que le traía a la memoria el anuncio de un perfume caro. Debajo de la blusa, vestía unos pantalones negros muy ajustados, también muy líquidos, cuyas perneras se perdían en el interior de las botas. Y en vez de una prenda de abrigo, como correspondía a la época, llevaba sobre los hombros, a modo de capa, una gabardina cuyo tejido membranoso, de tonos suaves, evocaba el de las alas de las mariposas. En cuanto al pelo, tan negro y tan brillante como la seda de los pantalones, iba recogido en una cola de caballo que dejaba al descubierto la perfección de los rasgos de la cara, apenas maquillada.

—Chica, eres un ángel —le había dicho aquella especie de fantasma que se parecía más a los seres imaginarios que a los reales.

Tras una jornada laboral a la que sobrevivió con la ansiedad del que atraviesa un túnel cuya salida se retrasa eternamente, en la habitación de la casa de su madre, donde vivía entonces, se había desnudado delante del espejo para revisar su cuerpo en busca de las trazas de ángel, que no halló. Percibió, en cambio, el olor a pescado que penetraba todas las defensas y se depositaba obstinadamente en los poros de la piel.

Durante los siguientes días, además de esperar sin resultados que la mujer del metro volviera a manifestarse, pasó varias horas delante del ordenador, buscando información acerca de los ángeles. Así acabó cayendo en un foro donde Anauel, uno de los participantes, que se manifestaba como un experto, le explicó, al contar Julia lo sucedido en el metro, que el mundo estaba lleno de ángeles a medio hacer.

—Cuando algo falla en el transcurso de formación de estos seres —añadió Anauel—, en vez de ser desechados, como en los controles de calidad habituales, son arrojados a la vida en forma de seres humanos, aunque nunca llegan, debido a su naturaleza, a encajar del todo en este mundo.

A preguntas de Julia, el tal Anauel añadió que estos ángeles inacabados, no siendo conscientes de sus orígenes ni de su verdadera naturaleza, erraban entre los seres humanos sin adaptarse a ellos, evolucionando con frecuencia, debido a las agresiones del medio, a la condición de diablos, aunque a diablos imperfectos también.

—En realidad —concluyó Anauel—, el proceso de producción de un ángel y el de un diablo son idénticos. Solo al final de la cadena de montaje, si se pudiera emplear esta comparación, se les otorga a unos el certificado de una cosa o la otra. ¿Cómo? De un modo aleatorio.

La información de Anauel le recordó a Julia un documental de la televisión acerca de los pantalones vaqueros de marca falsificados. Al parecer, los auténticos solo se distinguían de los falsos en la etiqueta que les colocaban al final del proceso de confección, pues tanto los unos como los otros estaban hechos por las mismas personas y con materiales idénticos.

En todo caso, la idea de ser un ángel, si bien un ángel inacabado o minusválido, además de producirle una sugestión poderosísima, vino a explicarle las dificultades de su relación con el mundo, al que era evidente que había sido arrojada sin las dotaciones precisas para abrirse camino en él. Durante algún tiempo, y guiada por el tal Anauel, con quien comenzó a mantener una correspondencia fluida, continuó investigando acerca de la naturaleza de los ángeles y los demonios, asombrándose de pertenecer, si bien en calidad de miembro deteriorado o bastardo, a una familia tan extensa. Para cuando tropezó en internet con el anuncio de Serafín Marbas, sabía ya perfectamente el lugar que ocupaban los serafines en la angelología y el significado de Marbas en la demonología.

Así que llamó por teléfono a Serafín dando por hecho que la habitación en alquiler, aunque se encontraba muy lejos del trabajo al que se acababa de incorporar, en la pescadería del supermercado, le estaba destinada.

La casa tenía tres habitaciones, de las que el dueño había decidido alquilar una. El precio era muy bueno y aunque se trataba de un tercer piso, sin ascensor, se encontraba a diez minutos de una boca de metro, y muy lejos de la casa de su madre, de quien había decidido emanciparse al poco de obtener el trabajo en la pescadería de la gran superficie.

Para el primer encuentro con Serafín Marbas, Julia se había dado un baño de agua con abundantes dosis de vinagre, limón y vino blanco, tal como le habían aconsejado en un foro de internet para quitarse el olor a pescado que, según uno de los participantes, provenía de la acción de las enzimas y bacterias sobre el cadáver del animal.

—La función —añadía el internauta— de los pulverizadores de agua sobre los mostradores de las pescaderías no es otra que la de tapar ese olor.

También se había puesto la sonrisa de bricolaje utilizada con los clientes y con el mundo en general y que quizá, pensó a la vista de los resultados que obtenía de ella, se trataba realmente de la sonrisa de un ángel.

En aquel primer encuentro, Serafín Marbas le explicó que él y su mujer tenían una hija médica que ejercía en Australia, y que tenía a su vez una niña que había perdido un dedo —el corazón de la mano derecha— al pillárselo con la puerta de hierro de una bodega doméstica.

—Así que tengo una nieta australiana —concluyó atónito, como si no hubiera contado la historia el número de veces suficiente como para creérsela o para hacerla suya.

—Hay mucha gente con nietas australianas —dijo Julia de manera algo mecánica, al modo en que después de escuchar un tres pronunciamos mentalmente un cuatro.

—En cuanto a mi mujer —continuó Serafín—, lleva cinco años en la cama, y por eso no ha salido a saludarte. Un día, al terminar la clase de yoga, le empezaron a pesar los pies, a pesar los pies, como si los zapatos fueran de plomo, la llevamos al hospital y salió en silla de ruedas porque le tocaron la médula al intentar arreglarle una vértebra que guardaba relación con lo del peso de los pies. Tiene muchos dolores y los médicos me la han hecho morfinómana.

—Vaya —dijo Julia atenuando un poco su sonrisa de corte y confección.

—A veces ve cosas que no son. Ayer mismo vio a un cartero atravesando el dormitorio.

—¿Era un cartero analfabeto?

—No sé si era analfabeto, ¿por qué?

Julia respondió que por nada, aunque era por algo, pues de vez en cuando un cartero analfabeto aparecía dentro de su cabeza, mostrándole las cartas que debía entregar para que ella le leyera las direcciones. Pensó que podía tratarse del mismo.

Serafín Marbas informó a Julia de que había recibido muchas llamadas de gente interesada por la habitación, pero que ella le había gustado desde el primer momento como huésped, asunto en el que prefería dejarse llevar por la intuición (se fiaba mucho de su «olfato»), ya que carecía de experiencia como casero.

—De modo que ocuparás la habitación de mi hija australiana. Ya comprenderás que es para ayudarnos un poco, pues la enfermedad de mi mujer conlleva muchos gastos.

—Claro —dijo Julia.

—Aquí, si eres tranquila, puedes llevar una vida tranquila. Mi mujer no sale de la habitación, no puede, la pobre, y se pasa la mitad del día durmiendo o dormitando, por las drogas. Ya os presentaré en cualquier momento, no te apures por ella. Luego, verás que esta casa tiene mucho tráfico, es muy animada también. Hay días en los que coinciden aquí el médico, el fisioterapeuta, el practicante, el cura, el de la muerte digna... Mucho movimiento.

Se instaló al día siguiente en la habitación de la hija australiana de Serafín, quien dormía en otra habitación porque en la de matrimonio, además de una cama mecánica algo aparatosa, de las de hospital, había otros artefactos clínicos, destinados al cuidado de la enferma, que no dejaban espacio para nada más. La ventana de la habitación de Julia daba a un gran patio de luces en cuyo fondo, además del acceso a un parquin público, había un túnel de lavado de automóviles con el techo de plástico o de otro material transparente y regentado por un hombre delgado que dirigía a dos operarios gordos que limpiaban los interiores de los coches y repasaban los rincones que se le escapaban a la máquina. La actividad, siendo incesante, resultaba también monótona, de modo que Julia empleaba parte de su tiempo libre en observar aquel trasiego letárgico mientras espiaba los movimientos que se producían en el interior de su cabeza.

Conoció a Emérita, la mujer de Serafín, al día siguiente de instalarse, por la noche, cuando regresó del trabajo. Antes de que hubiera podido quitarse el olor a pescado, Marbas le pidió que le ayudara a colocar a la enferma en la trona.

—Mira —le dijo Serafín—, es Julia, la chica de la que te hablé.

Emérita, que permanecía desnuda, bajo una sábana muy ligera, pues no soportaba ya el roce de ningún tejido, le ofreció una sonrisa dolorosa mientras se dejaba hacer.

Tras ayudar a Serafín a mover a la enferma y a depositarla de nuevo en la cama después de que hiciera sus necesidades, le pusieron crema por todo el cuerpo. La piel de Emérita, abierta en muchos sitios, parecía la membrana de un insecto en fase de larva. Debido a la ingestión masiva de fármacos, su cuerpo exhalaba un olor tan penetrante que el de Julia pasó completamente inadvertido.

Aquel sábado, cuando terminó de desayunar, Julia dejó a Serafín en la cocina, meditando sobre un cojín que colocaba en el suelo, delante de un vaso con agua. A veces meditaba allí, en la cocina, y a veces en su dormitorio, Julia ignoraba de qué dependía que eligiera una u otra estancia.

Ya en su habitación, abrió al azar un libro de ejercicios de español para extranjeros, adquirido en una librería de segunda mano, y se dedicó intensamente a la lectura de frases del tipo «creo que tengo indigestión», «soy diabético» o «querría un camarote de primera clase, por favor». Julia, que no sabía idiomas, imaginó que era extranjera y las fue pronunciando con un acento extraño, muy gutural («greo que tengggo indigggestión», «gerría un gamarote de grimera glase, por gavor»). Le dio mucha alegría tropezar de súbito con **Mi madre tiene pestañas en los párpados**, como si ella fuera en cierto modo coautora del manual.

Entonces dice que sonó su teléfono móvil, muy lejano al principio, como si sonara en otra habitación de la casa. Luego más cerca, como unos pasos por el corredor. Enseguida cayó en la cuenta de que sonaba dentro del bolsillo de su abrigo, colocado sobre un baúl de mimbre en cuyo interior guardaba toda su ropa, ya que el armario estaba ocupado aún por la de la hija australiana de Serafín. Lo cogió sin mirar quién llamaba, con un «digggame» que alarmó a la persona que estaba al otro lado.

—¿Te pasa algo, hija?

Era su madre.

—Perdona, mamá, estaba practicando.

Hubo un silencio marcado por la indecisión de la madre que finalmente decidió no preguntar a qué clase de práctica se refería.

—Te llamé ayer y anteayer. Varias veces —dijo.

—Ya sabes que en el trabajo no nos dejan usar el móvil y se me había olvidado mirar las llamadas perdidas.

Hubo un nuevo silencio al otro lado. Julia dice que comparaba aquellas conversaciones con un jersey lleno de agujeros. Los agujeros eran los silencios.

—¿Estás bien?

El «estás bien» procedente de su madre significaba si estaba bien de la cabeza.

—Sí, sí, muy bien.

—¿Y te adaptas a vivir sola, así, en una habitación?

—Claro, estoy muy a gusto con esta familia.

—Ya sabes que puedes volver a casa cuando quieras. Por mí encantada. Y por Cao también.

—Gracias.

—Y... esto, ¿qué te iba a decir?

—...

—El chino.

—¿Sí?

—¿Lo has vuelto a ver?

—¿Al chino? No, no —respondió Julia.

—Mejor, ¿no?

—Mucho mejor, sí.

Su madre se refería a un chino que persiguió a Julia de pequeña. Un chino alto, muy delgado, sin gafas. Julia decía sin gafas al modo en que de un manco habría dicho sin brazo, pues su rostro, sin ellas, parecía incompleto. Vestía un traje oscuro y una camisa blanca abrochada hasta el cuello. Sus zapatos, marrones, hacían juego con su cinturón. En invierno solía llevar sobre el traje una gabardina clara, muy ligera, parecida a la de la mujer que en el metro le había dicho que era un ángel. Julia no era capaz de señalar la primera vez que había reparado en la presencia del chino, pues formaba parte del paisaje desde que tenía memoria. Aparecía en una esquina de la calle cuando ella salía de casa, en otra cuando entraba en el colegio, o detrás de un árbol cuando la llevaban al parque. También aparecía en el espejo de la peluquería cuando le cortaban el pelo... Fuera donde fuera, allí se manifestaba el chino, observándola, medio oculto, desde algún lugar. Estaba integrado de tal forma en la realidad que Julia no fue consciente de su existencia hasta que desapareció, al poco de que cumpliera trece años, coincidiendo con la llegada de la regla. Fue como cuando el motor de una nevera ruidosa se detiene y reconocemos la existencia del silencio. Julia notó que algo raro ocurría, pero no supo de qué se trataba hasta el tercer o cuarto día. Entonces le preguntó a su madre:

—¿Dónde se ha ido el chino?

Se lo preguntó con la naturalidad con la que le habría preguntado, al volver del colegio, por la desaparición de un mueble familiar. Su madre se encontraba en la cocina, preparando la cena, que apartó del fuego antes de volverse hacia Julia.

—¿Qué chino, hija?

Julia se dio cuenta de que a su madre le había parecido una pregunta incongruente y respondió:

—No sé, un chino.

Y abandonó inquieta la cocina, sin saber exactamente qué ocurría, aunque intuyendo que el chino no formaba parte del mundo, sino de su mundo. Durante los siguientes días permaneció atenta, por si entre sus compañeros de colegio se comentara la desaparición del asiático, pero nadie se refirió a él. Unos años después, cuando pusieron en su barrio la primera tienda de chinos, Julia fue un día a comprar el pan y se encontró al chino detrás del mostrador. Era idéntico al que conservaba en su memoria. Alto, delgado, sin gafas, con un traje oscuro y una camisa blanca abotonada hasta el cuello, sin corbata. No pudo verle los zapatos, pero el cinturón era de color crema. Volvió a casa presa de una agitación enorme y con el rostro blanco como el vientre de un pez.

—He vuelto a ver al chino —confesó a su madre cuando esta le urgió, con angustia, a que le explicara lo ocurrido.

—¿Qué chino? —preguntó la madre.

Julia le contó entonces lo que de pequeña le había ocultado, y la madre, que recordaba la escena de la cocina, pues había acudido a su memoria con frecuencia, intentó explicarle muy angustiada las diferencias entre la fantasía y la realidad. Julia la escuchó fingiendo entender, pero si las cosas eran como se las exponía su madre, por qué aquel chino había saltado ahora desde el mundo imaginario de la infancia a la tienda de la realidad. No quiso volver a por el pan hasta que su madre la obligó a ir con ella, al objeto de que se le quitara el miedo. Y había un chino, pero era distinto, un chino de nombre Cao Fei, al que en el futuro llamarían Cao, y que, por esas cosas de la vida, se casaría con la madre de Julia, divorciada de su padre desde hacía cinco o seis años.

Aunque jamás se habló del asunto claramente, Julia entendió que su modo de actuar, en general, producía en sus padres cierta alarma. Esa alarma, dice, provocaba a su vez en ella un verdadero espanto. Con el tiempo, gracias en parte a la medicación, fue aprendiendo a distinguir entre lo que debía manifestar y lo que no. Según le contó a Millás, no lo logró del todo, pero sí en la medida precisa para alcanzar un acuerdo implícito según el cual, cuando ella se salía de lo establecido, todos miraban a otro lado y se cambiaba de conversación.

Ahora que estaba fuera de casa, su madre se atrevía a manifestar lo que cuando vivía con ella era una especie de tabú.

—Que no hayas vuelto a ver al chino, y sin tomar ya ninguna medicación, es muy buena señal, hija.

—Sí, mamá. Además, ahora estoy estudiando Lengua.

—¿Lengua?

—Bueno, gramática. He conocido a un filólogo, ya sabes.

Del otro lado le llegó un silencio alarmante, de los que a ella le provocaban espanto.

—¿Un filólogo? —preguntó al fin la madre—. ¿Dónde?

—En el supermercado, es mi jefe.

—¿Es pescadero?

—Sí, ya sabes que de lo primero que se quita la gente en las crisis es de la filología y del marisco, así que ha tenido que dejar la enseñanza. Pero sigue estudiando, para cuando convoquen oposiciones.

—Qué bien, hija —titubeó la madre—. ¿Vendrás a comer mañana?

—Mañana no puedo, mamá. Tengo que sustituir a una compañera que está de baja.

—Bueno, tú, cuando puedas, llama. Yo tampoco quiero perseguirte.

Tras despedirse de su madre, Julia volvió al libro de español para extranjeros, pero ya había perdido el ánimo y lo cerró enseguida. Todavía con la bata puesta, pues estaba perezosa, abandonó la habitación y pidió permiso a Serafín para utilizar el ordenador del salón, conectado a internet.

—Ya sabes que ni me tienes que hablar cuando medito ni me tienes que pedir permiso para usar el ordenador —dijo él, molesto por la interrupción.

—Es por cortesía —dijo ella.

—Estoy de tu cortesía hasta los cojones —pronunció él cerrando de nuevo los ojos.

Julia encendió el ordenador a fin de investigar si a otras personas, como a ella, se les aparecían frases. «¿Es normal —comenzó escribiendo en el buscador— que...?» Antes de que pudiera completar su pregunta apareció en la pantalla una cascada de posibilidades que completaban aquel comienzo suyo. Entre las primeras se encontraba: «¿Es normal que mi madre me huela el recto por las noches?»

Tras unos primeros instantes de perplejidad, cerró el navegador como si hubiera hecho algo censurable. Luego, tras comprobar que su escándalo no había provocado ninguna alteración en el ambiente, volvió a abrirlo y pudo completar su pregunta.

¿Es normal que se me aparezcan frases?

No halló respuesta alguna, pero a base de insistir en la cuestión modificando su estructura original, fue a caer en un chat de filólogos donde alguien que firmaba Genitivo del Singular preguntó a su vez.

—¿Quieres decir que ves frases al modo en que el niño de *El sexto sentido* veía muertos?

—Más o menos, sí. Se me aparecen frases con problemas y pretenden que yo se los solucione.

—¿Y tú qué haces?

—Les pido que se quiten la ropa y que se tumben en la camilla, para que las examine.

—¿Y cómo se quitan la ropa?

—Pues como tú te quitas la camisa.

—Eso es para un foro de psiquiatría —intervino un tal o una tal Sintagma.

—Ponme un ejemplo de frase que se te haya aparecido recientemente —escribió Genitivo del Singular.

—**Soy una frase muda** —escribió Julia.

—¿Y qué le pasaba a esa frase?

—Pues eso, que era muda.

—¿Y qué te dijo?

—Nada, no me dijo nada, ya te digo que era muda.

Soy una frase muda, le explicó Julia a Millás, se le había aparecido unos días antes, despertándola de una pesadilla. Al notar su roce en la cara, Julia pensó que se trataba de un bicho y dio un grito. Luego encendió la luz, y al ver que se trataba de una oración gramatical la tomó en la mano y fue con ella hasta la mesa, desde donde la frase la miraba con angustia, como pidiéndole ayuda. Julia intentó hablar con ella, pero enseguida se dio cuenta de que no podía oírla porque también era sorda. Seguramente era muda por sorda. Se estuvieron mirando con desesperación durante unos minutos y finalmente la frase desapareció. Julia volvió a la cama y mientras intentaba coger el sueño (o mejor: que el sueño la cogiera a ella) pensó que quizá una frase muda era como un ángel sin alas.

—Da miedo pensar en una frase muda —escribió Genitivo del Singular.

—¿Pero es normal o no? —insistió Julia.

—Normal no es —dijo Genitivo del Singular—, las frases no hablan de sí mismas.

—Eso de que no hablan de sí mismas lo dirás tú —apuntó Sintagma—. La frase, por poner un ejemplo, «si Julia no está loca, lo parece», dice de sí misma, entre otras cosas, que es compuesta y condicional.

—Pero lo importante no es lo que dice de sí misma, sino lo que dice de Julia —intervino un tal Acento Ortográfico.

—A mí lo que dice de Julia me importa un rábano —cortó Sintagma—. A mí, como filólogo, lo que me interesa de las frases es lo que dicen de sí mismas, no lo que dicen de la realidad. A la realidad, que le den.

Julia esperó a que Genitivo del Singular añadiera algo, pero parecía haberse retirado, y ella se retiró también, pues además de desagradarle la agresividad de Sintagma, le inquietaba el hecho de que las frases, al hablar de la realidad, hablaran de sí mismas. ¿Significaba que utilizaban la realidad como excusa para contar su vida?

Pasó el resto de la mañana del sábado inquieta, yendo de un lado a otro de la casa sin llevar a cabo ninguna actividad útil. Después de comer, se tomó un ansiolítico y se sentó junto a la cama de Emérita, la mujer de Serafín, para ver con ella una película. Serafín, en la cocina, seguía meditando. Podía resistir horas en aquella postura, con la mente no se sabía dónde. Emérita se durmió enseguida y Julia esperó aún, impaciente, a que el ansiolítico pusiera algo de distancia entre la realidad y sus deseos. Cuando esa distancia se produjo, decidió que iría al supermercado para dar una sorpresa a Roberto, que trabajaba ese sábado en un turno que acababa a las nueve de la noche.

De modo que a media tarde comenzó a arreglarse sin prisas. Quería estar distinta a como se veía los días de diario, también a como la veía Roberto. Tras la ducha, en vez de utilizar su ropa, abrió el armario de la habitación y eligió tres prendas entre la ropa de la hija australiana de Serafín. Él mismo se lo había sugerido un día, al reparar en la pobreza del vestuario de la chica.

—Ponte lo que quieras, con tal de que no te vea mi mujer.

Eligió unos pantalones negros, una blusa blanca y un jersey rojo. Todo le caía muy bien y estaba como nuevo. Hay gente, dice Julia, que no estropea la ropa.

Llegó a las inmediaciones del centro de trabajo diez minutos antes de la hora a la que el filólogo terminaba su turno. Pero aún tendría que lavarse un poco y cambiarse de ropa, quizá se entretuviera con algún compañero... Eran cerca de las nueve de la noche cuando Julia se situó en la zona del parquin exterior del centro comercial donde Roberto solía dejar su coche, que localizó enseguida. Dispuesta a darle una sorpresa, se escondió cuatro filas de automóviles situados detrás del suyo, desde donde pudiera verlo llegar sin que él se apercibiera de su presencia hasta que ella le saliera al paso.

Entonces, como le había ocurrido tantas veces a lo largo de la vida, la realidad se comportó de un modo diferente al esperado, pues Roberto se manifestó con una mujer que parecía su mujer y con un niño que parecía su hijo, un conjunto familiar en fin al que Julia vio avanzar desde la puerta del centro comercial empujándose y gastándose bromas y riéndose como si se llevaran bien. Y dice que, claro, se quedó completamente descolocada, allí, detrás del otro coche, a unos siete u ocho metros del de Roberto, en el que se introdujo la familia feliz partiendo enseguida en dirección al mismo sábado por la noche en el que ella se quedaba abandonada. Un sábado noche, para decirlo todo, muy frío, de cuyo cielo caían virutas de nieve que se deshacían al contacto con los automóviles y que en el pelo de Julia, que se había rizado con unas tenazas eléctricas antes de salir, se convertían en gotas de agua que brillaban brevemente antes de desaparecer. «Te voy a matar», dijo entre dientes mientras abandonaba su escondrijo sin saber muy bien si se refería a Roberto o a su mujer, pero sin descartar tampoco al niño. Más tarde, en el metro triste de las postrimerías del sábado se preguntó, sin hallar respuesta, qué decía de sí misma la frase «te voy a matar». Que soy transitiva, por ejemplo, respondió la frase desde algún rincón de su cabeza.

8

En lugar de matar a Roberto, se acostó con él. Dice que justo al tiempo en que el filólogo la penetraba por detrás, ella vio que el despertador de la mesilla de noche se colocaba en las 00.00 horas. Acababan de atravesar la frontera entre un lunes y un martes. Julia sintió que los días estaban separados por una especie de ranura en la que se perdían cosas, como entre los cojines del sofá. Y se lo contó luego a Roberto, mientras ambos miraban al techo y él daba cuenta pausadamente de un canuto.

—Acabo de descubrir que entre el lunes y el martes hay una ranura.

—Vale, tía —dijo él—, me fumo yo el canuto y te hace efecto a ti.

Eran ya las cero diez del martes. Dice que Roberto le había hecho el amor con la polla, pero que la había violado con las palabras.

—¿Con qué palabras? —le pregunta Millás.

Julia prefiere no reproducirlas, y menos con la grabadora del iPhone en funcionamiento, porque todavía le hacen daño, como si la volvieran a penetrar. De modo que tuvo un buen orgasmo con el cuerpo, aunque un antiorgasmo con la mente. El antiorgasmo, dice, no anuló el placer del orgasmo, sino que cada uno fue paralelo al otro, coexistieron a la fuerza, como una cucaracha y una mariposa de colores dentro de una jaula.

Millás escucha casi sin respirar el relato de ese primer encuentro sexual con Roberto. Tiene miedo de que ella se reprima si observa en él algún gesto de extrañeza o rechazo. Pero le asombra la inclemencia con la que la joven se refiere a cuestiones tan íntimas. Piensa que tal vez follar ha dejado de ser, en el mundo contemporáneo, un asunto personal. En cualquier caso, al reportaje le vendría bien ese tono un poco trasgresor, así que, para que ella no se asuste de lo que dice ni de cómo lo dice, procura componer un gesto de indiferencia, de aburrimiento casi.

Julia no se asusta. Ahora está explicando que se hallaban los dos, Roberto y ella, en la habitación de matrimonio de la casa de él, cuya familia estaba fuera, de viaje, visitando a la madre de ella en algún pueblo de los alrededores. Aprovechando la ausencia de la esposa y del hijo, ese día, al salir del trabajo, Roberto la había invitado a tomar una copa en un bar. Cuando terminaron la copa, le propuso ir a su casa.

—¿Vives solo? —preguntó Julia como si no supiera.

—No, con mi mujer y mi hijo, pero están fuera, han ido a visitar a mi suegra.

A Julia le sorprendió la sencillez con la que él aceptó estar casado y también la naturalidad con la que le propuso ir a su casa. Pero pensó que quizá ese tipo de comportamiento era normal entre los filólogos, de modo que aceptó la invitación para mostrar que estaba a la altura de las circunstancias. Y dice que llegaron a la casa de él, que tenía dos habitaciones y un baño, además de la cocina y el salón, y que todo era muy pequeño pero muy nuevo, y que había muchos espejos, según le explicó el propio Roberto, para «agrandar la casa». Y dice que el filólogo le preparó unos espaguetis con berberechos, aunque los berberechos, pese a trabajar los dos en una pescadería, eran de lata. Y añade que le extrañó que Roberto, siendo uno de los jefes, no hubiera podido sacar un poco de género a escondidas. Ella misma, cuando atendía en la sección de marisco, se introducía en el bolsillo un par de langostinos cocidos que se tomaba luego en cualquier parte. Entonces él, como si le hubiera leído el pensamiento, sacó el asunto a colación:

—¿Sabes ya que te van a echar por robar langostinos?

Julia permaneció unos instantes en silencio, pues se trataba de un cambio de conversación muy violento. Le vino a la memoria el hambre con la que él se había comido los espaguetis con berberechos en la minúscula cocina (Julia los había probado por cortesía), advirtiendo que no los había cocinado para ella, sino para sí mismo. Recordó también que no le había permitido que se duchara antes de que se metieran en la cama, pese a venir del trabajo. Al fin y al cabo, pensó resignada, los dos olemos a pescado.

—¿Qué dices de los langostinos? —preguntó finalmente.

—Mujer, que los robas a pares y eso está muy mal visto en la empresa. Los de personal tienen grabaciones.

—¿A pares, así, en plural? Nunca he cogido más de un par.

—Pero un par hoy y otro mañana hacen varios pares.

Entonces, a Julia se le ocurrió que lo mejor para salir de la situación era hablar de la invención del plural.

—Pues mira —dijo—, si no se hubiera inventado el plural no habrías dicho «a pares».

No lo dijo como un reproche a los filólogos, pero por lo visto sonó así. Quizá por eso él se vio obligado a defender la invención de esa categoría lingüística:

—Si no se hubiera inventado el plural —repuso apagando el canuto sobre el cenicero que apoyaba en el estómago—, para hacer un cocido habría que ir al mercado doscientas veces, pues la gente sabría decir «garbanzo», en singular, pero no «garbanzos», en plural.

A Julia le pareció bien este cambio que desviaba la conversación del asunto de sus pequeños hurtos, de modo que preguntó si el singular y el plural aparecieron juntos o se inventó primero el singular.

—Supongamos —dijo él atrayéndola hacia sí y buscando su boca— que apareció primero el singular. ¿Qué pasaría?

—Pues no sé —dijo ella respondiendo sin muchas ganas al beso de él—, supongo que durante el reinado del singular la gente no tendría un solo ojo o una sola pierna o una sola mano, pero tampoco caerían en la cuenta de que tenían dos. Creerían que tenían un ojo y otro ojo, pero no ojos en general. Ni dedos. No dirían «voy a cortarme las uñas de los dedos», sino «voy a cortarme la uña». Se cortaban la del dedo gordo y al día siguiente o al cabo del rato la del índice porque no veían dedos, sino un dedo y otro dedo y otro dedo...

—Claro —añadió él francamente divertido, mientras exploraba con su mano el sexo de ella—, en un mundo donde solo existiera el singular no habría pantalones, ni gafas, ni prismáticos, ni coños, ni narices. No se podrían hacer las cosas por narices. Además, como los prismáticos son necesariamente plurales, no pudieron aparecer hasta que apareció el plural gramatical. Cuanto más lo pienso, más terrible se me antoja un mundo sin plural.

Julia abrió las piernas debajo de las sábanas, para facilitar la entrada de los dedos de Roberto. Lo hizo para devolverle la admiración que sentía por él en ese instante debido a lo de los prismáticos y los pantalones y las gafas y las narices... En esa sabiduría, claro, se notaba que era filólogo. Ahora bien, pensó con orgullo, el asunto del plural ha salido en la conversación gracias a mí.

—Un mundo sin plural sería terrible, sí —confirmó entonces excitándose, como si la filología contuviera componentes afrodisiacos.

—La madre —dijo él entre beso y beso, al tiempo que parecía medir las dimensiones de su clítoris— no podría decir a su hijo «cómete las lentejas». Le diría «cómete la lenteja» y cuando se la comiera, le volvería a decir «cómete la lenteja» y así, una a una, hasta que el niño terminara el plato.

—Y solo habría hijos únicos —dijo ella dejándose hacer, aunque haciendo también a su manera—. Habría matrimonios con seis o siete hijos únicos.

Tras soltar una carcajada por esta ocurrencia, juguetearon con sus lenguas, cada uno con la suya, aunque en algún momento Julia perdió la pista de la propia, así como la noción de los límites de su cuerpo. La pérdida coincidió con el segundo orgasmo de su vida, un orgasmo que en esta ocasión se manifestó solo, sin el antiorgasmo que había acompañado al anterior. Dice que se hundía en un pozo sin fondo ni paredes, en un pozo que no era un pozo porque caía, extrañamente, hacia arriba. Al preguntarle Millás cómo se cae hacia arriba dice que es lo que ocurre en los antipozos, y que eso es lo que le sucedió y que así lo cuenta, y que mientras caía hacia arriba con la calidad sideral con la que los astros van de un lado a otro del universo, supo que acababa de descubrir que su droga era el orgasmo. Interrogada, por fin, pese a los peligros de la pregunta, acerca de si no le da vergüenza relatar estas cuestiones íntimas, asegura que las considera tan íntimas como la Luna o el planeta Marte, situados ambos en los intestinos del cosmos, pero vigilados de continuo por nuestros telescopios.

—¿Y te habías acostado ya con alguien antes? —insiste Millás.

—Sí —dice—, pero sin que se produjera la conexión cósmica.

Tras la conmoción planetaria, volvió cada uno a la posición anterior y Roberto encendió otro canuto. El olor dulzón de la marihuana formaba una burbuja en la que ambos permanecían atrapados. Le ofreció a Julia, que dijo que no, como en la ocasión anterior, y los dos volvieron a ensimismarse en las profundidades del hondo techo. A la tercera calada, él dijo:

—Pero, si te fijas, el plural no se inventó a gusto de todos. Nada sucede a gusto de todos. Piensa, por ejemplo, en el sustantivo «sed», que carece de plural. La gente dice «tengo sed», pero nunca habrás escuchado decir a nadie que «tiene sedes».

—Llevas razón —dijo ella rendida—. ¿Es importante?

—Depende —dijo él—, los insectos tienen seis extremidades y nosotros solo tenemos cuatro. ¿Deberíamos envidiarles?

—¿A ti te gustaría tener seis piernas?

—Creo que no.

—Pues a mí me gustaría tener plural, pero nadie me llama Julias.

—Todo se andará. Hablando en términos históricos, el plural se inventó ayer. Todavía está en fase de explosión.

9

Tal como le había anunciado Roberto, Julia perdió al poco su trabajo. No por robar langostinos, pues la empresa, en lo que el jefe de Recursos Humanos calificó de un ejercicio de generosidad, decidió no manchar su currículo con un despido por «causas objetivas», tal como las llamaban. Decidieron simplemente no renovarle el contrato de seis meses con el que la chica había accedido por primera vez al mundo del trabajo. Dice que pasó unos días saliendo de casa por las mañanas y regresando por las tardes en una suerte de movimiento inercial que fue perdiendo fuerza de manera paulatina: cada día salía más tarde y regresaba antes, como el péndulo que tiende a inmovilizarse en el centro de su recorrido. Finalmente, un lunes se quedó en casa, y cuando a media mañana abandonó la habitación para echar una mano con la enferma a Serafín, y este le preguntó por qué no había ido a trabajar, Julia dijo:

—Porque lo dicen las palabras.

—¿Qué palabras?

—La palabra «No», la palabra «Renovación», la palabra «Contrato». «No renovación contrato.»

—Ya —dijo él—, pareces india. ¿Y el dinero qué dice?

—Tengo unos ahorros —dijo ella.

Serafín la observó unos instantes con la misma expresión de aturdimiento con la que observaba las cosas al abrir los ojos, tras una hora u hora y media de meditación. Luego preguntó:

—¿Qué piensas hacer?

—Lo que digan las palabras.

Y lo que dijeron en ese mismo instante las palabras, a través de la boca de Serafín, fue lo siguiente:

—De momento, te puedes quedar aquí sin problemas. Me ayudas con Emérita y con la casa y ya iremos viendo.

No fue preciso entrar en detalles. Julia comenzó a intervenir más de lo que ya venía siendo habitual en el cuidado de la enferma y tomó a su cargo las cuestiones relacionadas con la limpieza doméstica. Serafín continuó yendo al mercado, preparando la comida y meditando entre horas. En apenas cuatro días, sin esfuerzo visible, sin necesidad de establecer pactos de naturaleza alguna, lograron crear unas rutinas nuevas que mejoraron el funcionamiento familiar.

Una tarde, a mediados de ese invierno, Carlos Lobón, voluntario de la Asociación DMD (Derecho a Morir Dignamente), que solía acudir un día o dos a la semana para charlar con la enferma, apareció en la casa acompañado de Juan José Millás, que fue presentado a Serafín y a Julia como escritor y periodista.

—Le comenté a Emérita lo de Millás —dijo Carlos Lobón dirigiéndose a Serafín— y le pareció bien que viniera. Ya sabes que siempre habla de dejar testimonio...

Serafín y Julia recibieron a Millás con una mezcla de respeto y desconfianza que desapareció cuando, llegados a la habitación de la enferma, esta dio grandes muestras de alegría.

—Te descubrí por la radio —le dijo—. Me gusta mucho lo que haces.

—Gracias —dijo Millás.

—Y leí un libro tuyo antes de la enfermedad. Ahora me gustaría haber leído más, pero es que con la medicación no me concentro. Cuando llego a la segunda línea, no me acuerdo de lo que ponía en la primera.

—Da lo mismo, Emérita —dijo Millás.

Hacía algún tiempo, el escritor había publicado en el diario *El País* un reportaje sobre la eutanasia en el que contaba la historia de un tal Carlos Santos que, decidido a quitarse de en medio, había llamado a DMD para solicitar su ayuda. Como era habitual en estos casos, un miembro de la asociación mantuvo varias entrevistas con él a fin de comprobar que su decisión era sólida, y que estaba bien fundamentada. Carlos Santos tenía sesenta y seis años (dos más que Millás) y un quiste radicular, situado entre la S2 y la S3, cuya evolución, en unos meses, acabaría afectando al control de los esfínteres. Enseguida reduciría al enfermo a una silla de ruedas y finalmente le produciría la muerte, todo ello, según le contó a Millás, acompañado de dolores intensísimos.

Santos vivía solo en una pensión de Málaga y carecía de lazos familiares. Los de DMD, calculando que podría ser una oportunidad para abrir el debate público sobre la eutanasia, le preguntaron si le importaría dejar testimonio de su decisión para allanar el camino a los que vinieran detrás de él. Al hombre le pareció bien y la gente de DMD se puso en contacto con Millás, socio de la entidad, que aceptó verle.

Millás pasó con Santos el día anterior a su muerte, y de lo ocurrido durante esa jornada trataba su reportaje, pero le faltó valor para acompañarlo en el momento decisivo, aunque el suicida, de manera sutil, se lo había solicitado. Se suicidó al día siguiente, en compañía de dos voluntarios de DMD, que luego relatarían al escritor cómo se sucedieron los hechos. Según ellos, Carlos decidió ponerse para morir el pijama y unas zapatillas de andar por casa, aunque no se quitó los calcetines. Dicen que se sentó en el sofá de la habitación del hotel (un hotel del centro de Madrid cercano a la sede de DMD) y deshizo las pastillas del llamado «cóctel de autoliberación» en un yogur de fresa hasta lograr una pasta homogénea que se tomó a cucharadas, casi con avaricia, haciendo bromas acerca de su sabor. El yogur, dijo uno de los voluntarios a Millás, se volvió azul debido a la reacción química. Luego, el suicida colocó los pies sobre la mesa baja situada delante del sofá, apoyó la cabeza en el respaldo y comenzó a contar su vida a los voluntarios. Poco a poco, a medida que hablaba, se fue quedando dormido. Media hora más tarde, dentro del sueño, se murió.

Meses después de la publicación del trabajo sobre

Carlos Santos, Carlos Lobón telefoneó un día a Millás para contarle el caso de Emérita.

—Lleva cinco años en la cama —le dijo—, ha ido perdiendo autonomía de forma paulatina y tiene ya problemas cognitivos y de juicio, además de los de percepción. Está decidida a quitarse de en medio, te admira y le encantaría dejar testimonio de su caso.

Millás se defendió. Estaba a favor de la eutanasia, pero no era cuestión de especializarse en un asunto de esa naturaleza, sobre todo porque, pese al tiempo transcurrido, convalecía aún del reportaje anterior. Lobón iba a lo suyo:

—No escribas sobre ella si no quieres, pero ven un día a conocerla. Te admira mucho y le aliviaría de sus padecimientos charlar contigo un rato.

En el transcurso de la conversación telefónica, Lobón mencionó el barrio de la enferma, La Concepción, donde Millás había vivido una temporada de joven, tras independizarse de sus padres. Preguntó por el nombre de la calle, que resultó ser Virgen de Moliner, casualmente también la suya de entonces.

—¿Qué número? —insistió, como el que escucha la retransmisión del sorteo de la lotería con el décimo delante, comprobando, alarmado, la coincidencia sucesiva de cada uno de los dígitos.

A punto ya de obtener el premio gordo, porque también el número del portal coincidía con el de su memoria, preguntó por el piso, que resultó ser el tercero izquierda, el mismo en el que había vivido él. Laminado por aquel cúmulo de coincidencias, del que no comentó nada a su interlocutor, dijo que sí, claro, que iría a conocer a Emérita, aunque sin compromiso alguno de escribir sobre el caso.

Como cada vez que en la vida de alguien sucede una casualidad con probabilidades estadísticas tan escasas, Millás fue atacado por la idea del sentido. ¿Tendría algún significado que de entre todos los pisos de Madrid, millones, la tal Emérita viviera (y se dispusiera a morir) en aquel en el que había vivido él de joven?

Nada más colgar el teléfono, y como en un teatro donde se acabara de descorrer el telón, apareció en su cabeza el escenario de la vivienda de la calle Virgen de Moliner (todas las calles de aquel barrio tenían nombres de vírgenes), perteneciente entonces a los padres de uno de los estudiantes con los que lo compartía y que vivían en un pueblo de Zamora. Millás, que trabajaba en la Caja Postal de Ahorros y estudiaba Filosofía y Letras en un grupo nocturno de la Universidad Complutense, disfrutaba de este primer paso hacia la libertad personal cuando sucedió un hecho que lo puso todo patas arriba.

Un sábado, el hijo de los dueños del piso dio una fiesta en el transcurso de la cual alguien invitó a los demás a colocarse con LSD, droga que, sin ser todavía común, empezaba a introducirse ya en algunos ambientes. Ávidos de experiencias alucinógenas en aquel mundo de carácter costumbrista con olor a repollo, la mayoría aceptó. Millás, igual que en ocasiones semejantes, se quedó fuera por puro pánico, aunque la lucha entre su deseo y su miedo le dejó casi desfallecido, sobre el sofá, encendiendo un cigarrillo con otro y odiándose de forma minuciosa. Se sentía un pequeñoburgués entre aquel grupo de disidentes de la realidad que, al reaccionar colectivamente a la ingesta del ácido, logró transmitirle sin embargo la impresión de que el colocado era él.

En esto, María, la única chica de la reunión, y que era también compañera de piso, comenzó a agitarse y a gritar. Tanto los que se habían drogado, que eran cuatro, como los que se habían quedado fuera, Millás y otro, permanecieron un rato observándola de forma pasiva. Uno de los colocados dijo que podía ver los gritos y que eran como pequeñas golondrinas metálicas que daban vueltas alrededor de la habitación antes de atravesar las paredes como cuerpos sutiles para continuar su vuelo fuera de la casa. Al tiempo de hablar, señalaba la trayectoria de los alaridos como quien en el campo sigue con el dedo el vuelo de un grupo de aves poco común. El resto de los colocados se unió enseguida a la alucinación ornitológica, ajeno a la inquietud de Millás, preocupado por que el volumen de las voces alertara a los vecinos, que ya en otras ocasiones habían amenazado con avisar a la policía. Su temor devino en pánico al ver que el único compañero que, junto a él, permanecía lúcido, cogía insolidariamente la puerta y escapaba escaleras abajo.

Viéndose solo frente a aquel cuadro que a medida que pasaban los minutos, lejos de ir a menos, crecía, Millás encerró a los drogados en una de las habitaciones, solicitándoles que siguieran desde allí el vuelo de los aullidos y advirtiéndoles, sin muchas esperanzas de ser comprendido, del peligro de que apareciera la policía. Luego regresó al salón para aplicarse a calmar a la chica, primero suplicándole, con las manos sobre sus hombros, que dejara de chillar, y luego abofeteándola, como había visto en las películas frente a los ataques de histeria. Pero aquello no era un ataque de histeria, no uno común al menos. La chica parecía una bacante en pleno éxtasis. Los alaridos que salían intermitentemente de su boca con el esfuerzo de quien expulsara algo sólido (¿las golondrinas?) parecían proceder de una dimensión invisible que había logrado introducirse en aquel cuerpo menudo y frágil para manifestarse.

Entonces, llamaron a la puerta y era la policía de la época (de qué otra época, si no). Dos grises, como se les conocía, debido al color de su indumentaria.

Millás, pálido, les franqueó la entrada y señaló a la chica al tiempo que decía:

—Creo que es un ataque de epilepsia.

—Epilepsia le voy a dar yo —dijo el que parecía llevar la voz cantante.

Dicho esto, sacó la porra y empezó a golpear a María sin que los golpes surtieran efecto alguno. Era como si golpeara en una instancia ajena a la que ella se encontraba. Cuando se detuvo para tomar aire, y al observarla más detenidamente, tuvo miedo. Millás vio el miedo en la cara del policía golpeador y luego en la del otro y supo que era un reflejo de su propio espanto. El rostro de la chica, no ya desencajado, como suele decirse, sino completamente desarticulado, como el de una pintura cubista, infundía una suerte de horror físico y metafísico que ninguno de los presentes había sentido antes.

En esto, Millás, que intentaba no perder el control,

al comprobar que en la entrada del piso, que daba directamente al salón, se congregaba un grupo de vecinos atraídos por el escándalo, se acercó y les dio con la puerta en las narices. Luego volvió donde los policías para advertirles del peligro de que la chica, si no era atendida pronto, se tragara la lengua. Lo había escuchado poco antes en un reportaje de la televisión sobre la epilepsia y confió en que la imagen de tragarse, no ya ese órgano musculado que habita en la caverna de la boca, sino la lengua en el sentido del idioma produjera en los grises el mismo efecto devastador que en él.

Pero no había terminado su alocución cuando cesaron los gritos y las convulsiones y María cayó de rodillas, con las manos cruzadas a la altura del pecho, repitiendo, sin puntos ni comas, estas palabras: «Lo que he visto Dios mío lo que he visto lo que he visto Dios mío lo que he visto lo que he visto Dios mío lo que he visto...» Tenía el pelo pegado a la cara, como si acabara de salir de la ducha, y el vestido empapado, como si se hubiera duchado con él. Si el ataque hubiera durado medio minuto más, se habría diluido en el espanto como un hielo en el whisky, quedando de ella un charco de sudor sobre el parqué.

En cuanto al rostro, aunque cada una de sus partes tendía a regresar a su sitio para amoldarse de nuevo a los rasgos de un cuadro realista, todavía aparecía lleno de disimetrías: las cejas, cada una por un lado; la mandíbula inferior, fuera de quicio, como una puerta que no encajara en su marco; los labios, exangües y reducidos, por la ausencia de fluido, al espesor de un papel de fumar. Lo que he visto Dios mío lo que he visto...

Al poco, aparecieron dos enfermeros, a los que alguien, quizá la misma policía, había llamado, que preguntaron a Millás qué clase de mierda se había metido la chica.

—No sé, estábamos estudiando, por los exámenes —dijo señalando ambiguamente hacia la habitación de los colocados, de donde procedía algún ruido—, cuando escuché gritos aquí, en el salón, y al llegar...

Los enfermeros, quizá en un gesto de solidaridad, renunciaron a continuar indagando y se llevaron a María escaleras abajo para meterla en una ambulancia cuya sirena escuchó Millás alejarse en compañía de los grises, que, disimulando su alarma, le pidieron el carné de identidad exigiéndole que, para recuperarlo, se presentara al día siguiente, a primera hora, en comisaría.

La recuperación del carné constituyó en sí misma una aventura en la que Millás prefiere no extenderse, pues dice que fue una gilipollez en comparación con el asunto de María, de la que enseguida supieron que había sufrido un «brote». Era la primera vez que Millás escuchaba este término, brote, referido a un problema mental. De pequeño, enterraba una alubia en un trozo de algodón empapado en alcohol y esperaba, ansioso, a que «brotara». La extrañeza sin límites que le producía el término «brotar», asociado a la aparición de aquel tallo surgido de las entrañas de la legumbre, regresaba ahora al descubrir que se aplicaba también para nombrar la aparición de la locura. «Se ha brotado», dijeron de María, o «ha tenido un brote». Al término «brote» se añadía a veces la palabra «psicótico»: «Ha tenido un brote psicótico.»

Era también la primera vez que Millás oía hablar de

la psicosis, vocablo amenazador sobre el que se apresuró a investigar con las herramientas que entonces tenía a mano. Una de ellas era la enciclopedia de más de cien tomos que, a modo de un animal prehistórico, permanecía aletargada en el salón de la casa de sus padres a la espera de que alguien abriera alguno de sus pesados tomos para hundirse en él como el que se adentra, para suicidarse, en las aguas del océano. Millás buscó el artículo Psicosis, tan largo como ininteligible, aunque tan inquietante como ininteligible y largo. Psicosis, decía la vieja enciclopedia, era el nombre que se aplicaba a los «procesos morbosos mentales». Esa frase, con buena voluntad, se podía comprender. Del resto no se entendía nada, porque se trataba de un artículo —lo comprendería años más tarde— claramente psicótico, aunque salpicado de palabras y expresiones que daba miedo leer, por ejemplo, «locuras lúcidas», «ilusiones sensoriales», «perturbaciones de conciencia», «estados crepusculares», «delirios megalomaníacos», «indiferencia moral», «malestar», «sudores», «palpitaciones», «insomnio», «arrobamiento y éxtasis», «desesperación y abatimiento», «despersonalización», «micromanía», «excitación catatónica...».

La verdad, añade Millás, es que nunca llegó a entender, en lo más profundo, en qué consistía la psicosis, que tanto le atraía y le turbaba, aunque intuyó que se trataba de un agujero abierto en la personalidad como un roto en un calcetín. Ese agujero, que era un agujero del yo, devoraba todo lo que se acercaba a sus bordes en un esfuerzo inútil de sustituir la ausencia de calidad por toneladas de cantidad.

Tras pronunciar estas palabras, Millás medita unos instantes y añade, preocupado, que lo del «agujero de la personalidad» podría ser un lugar común. Aunque un lugar común eficaz, como el descansillo de las escaleras antiguas, ese tópico en el que los pulmones del fumador tenían la oportunidad de reflexionar acerca de sí mismos. En cuanto a la imagen del calcetín, dice que le viene a la memoria el gesto de las madres al zurcirlos con la ayuda de aquel misterioso huevo de madera que había en todas las casas. El zurcido era un arte de la costura consistente en arreglar un roto de tal modo que no se notara la reparación. Se requerían para ello dotes enormes de paciencia, de conocimiento del tejido sobre el que se operaba, pero también de amor por la prenda, por su dueño y por el trabajo bien hecho. El zurcido tenía algo de microcirugía en la medida en que había que tapar el agujero uniendo los hilos sueltos del roto como el cirujano ensambla los capilares deshilachados de una herida.

Aun y con todo, dice Millás, no hay personalidad ni calcetín zurcidos en los que no se aprecie, si se observa con atención, la línea de la herida o la señal del extravío originales.

El caso es que María, aquella compañera de la facultad y de piso, se había brotado. Pasada la crisis, la chica regresó a Galicia, de donde procedía, y jamás volvieron a saber nada de ella. Pero cuando Millás, antes de dormirse o al viajar en el metro, evocaba su rostro, le parecía descubrir en él, especialmente en su mirada, las señales de un zurcido, de un zurcido de la personalidad, de un remiendo del yo, que finalmente había saltado. Miles de veces se preguntó qué había visto, y quizá oído, la chica durante su viaje, y también si aquello, se tratara de lo que se tratara, estaba dentro o fuera de su cabeza.

Clausurado por la fuerza de los acontecimientos aquel primer intento de emancipación, Millás regresó temporalmente a la casa de sus padres, de donde no tardaría en huir de nuevo, esta vez de forma más juiciosa, si el miedo a la vida y a uno mismo constituyen alguna forma de cordura.

Y ahora, después de cuarenta años, quizá más, allí estaba de nuevo, frente al mismo portal, subiendo trabajosamente las mismas escaleras de entonces, llamando al timbre del tercero izquierda, preguntándose si saldría a abrirle su antiguo compañero, que quizá hubiera heredado el piso de sus padres. Dice que abrió la puerta un tipo más o menos de su edad, en el que no reconoció al viejo amigo. Que la casa no había cambiado, no al menos los tabiques, cada uno en su sitio, aunque las ventanas parecían nuevas, de aluminio. Dice también que nada más poner el pie en el pasillo percibió el olor de la enfermedad mezclado con el de los fármacos, las cremas, las verduras y, en general, los olores domésticos de cualquier casa poco ventilada: los de la comida, los del café y las infusiones, los de los detergentes y jabones, los de la ropa sucia... Distinguió asimismo un tufo penetrante a ambientador de pino, que, en efecto, Serafín traía del supermercado y que colocaba en los lugares estratégicos de la vivienda con la ilusión de que esta oliera a bosque.

Dice Millás que aquel conjunto de olores, todos familiares, sumados al recuerdo del brote de María, produjeron en su estado de ánimo un hundimiento tal que llegó a la habitación de la enferma en unas condiciones desastrosas de las que los demás no se percataron o no dijeron nada. Tras las primeras palabras, y haciéndolo pasar por un gesto de cercanía, se sentó en el borde de la cama de Emérita para no caer desmayado. Carlos Lobón, el representante de DMD, sugirió entonces que los dejaran solos un rato, abandonando, en compañía de Serafín y de Julia, la habitación.

Emérita, la enferma, observó de nuevo a Millás con una expresión de auténtica alegría y volvió a repetirle que lo escuchaba siempre por la radio. La radio, decía Emérita, era, en su situación, una compañera inestimable, mucho mejor que la tele, que le producía atontamiento.

—Deben de ser los rayos que salen de la pantalla —añadió.

Emérita tenía un ataque de locuacidad que Millás atribuyó a los fármacos. Hablaba despacio, pero sin pausa, sin comas ni puntos, sin inflexiones. La lengua no paraba de moverse dentro de su boca, yendo arriba y abajo y de un lado a otro como si tuviera que buscar cada palabra en un extremo de su cavidad bucal, desusadamente grande. La dentadura, pensó Millás, debía de ser postiza, de otro modo resultarían inexplicables su perfección y su blancura. Desnuda bajo una sábana muy ligera, por la que asomaban los brazos, su piel recordaba la de un pez sin escamas. En un momento dado, la enferma desplazó su brazo, sin que ese movimiento implicara al resto del cuerpo, hacia la mano que

Millás mantenía apoyada en la cama, para tomársela. Fue el escritor, al advertir la intención del gesto, quien la tomó entre las suyas.

—No sé si te molestará que te lo diga —apuntó Emérita—, pero tienes la voz más joven que el cuerpo. Por la voz, pareces un chico.

—No me molesta —respondió Millás—. La voz envejece muy despacio, por eso las estrellas de la radio se jubilan tan tarde.

Pese a que no hacía frío, pues se encontraban en las postrimerías del invierno, la ventana permanecía cerrada. Millás sintió un calor sofocante.

—¿No te importa que me quite la chaqueta? —preguntó.

—Por favor —dijo Emérita—, yo es que casi siempre tengo frío. Pero el frío, en mí, es una forma de anticipo.

Millás hizo como que no había escuchado la frase precadavérica y continuó enunciando lugares comunes sobre la situación. A cada lugar común, ella respondía con otro, solo que los lugares comunes de ella, inexplicablemente, parecían islotes de sentido. Tras mencionar algunas cuestiones de orden íntimo, relacionadas con su aseo personal, sobre las que hizo prometer a Millás que no mencionaría en su «reportaje», criticó, también a base de lugares comunes, la crueldad de aquel sistema que no ayudaba a morir con dignidad a quienes decidían libremente acabar con sus sufrimientos.

Millás volvió a reparar en la locuacidad de la mujer preguntándose si era la de quien está a punto de marcharse o la de quien no quiere irse. Y aunque Emérita le dijo que lo de su suicidio era cuestión de días, no la creyó, pensando ingenuamente que la conversación con él podía obrar algún efecto terapéutico.

—Yo tenía una ferretería —le dijo—, en Alcobendas, pero me jubilé y nos vinimos a vivir a este piso que heredé de mis padres porque es más céntrico y está todo más a mano.

—Perdona —interrumpió Millás—, ¿a quién le compraron tus padres este piso?

—A un matrimonio de Zamora. Lo tenían para un hijo que estudiaba en Madrid y cuando el chico acabó los estudios decidieron deshacerse de él.

Ahí terminaba, pues, la sucesión de casualidades, ahí, quizá, se interrumpía el sentido, como cuando un tren entra en vía muerta. No obstante, el hecho de encontrarse en aquella vía muerta, la misma en la que habían transcurrido algunos días decisivos de su juventud, continuaba alentando en Millás la idea de alguna forma de trascendencia. Las casualidades, había leído en un libro de marxismo, son en realidad necesidades de carácter histórico.

—Siempre —decía en ese instante Emérita— he sido de moverme mucho, de ir de acá para allá, y el mostrador de la ferretería tenía veinte metros de largo, qué sé yo la de quilómetros que podías hacerte en una jornada. Yo no he sido de las de estar sentada delante de la tele. Solo me sentaba para leer. Me gustaban, como a mi padre, los libros de historia, los ensayos más que la novela, pero ahora, con las medicinas y la enfermedad, he perdido concentración, no puedo. Cuando traspasamos la ferretería me hice, por primera vez en mi vida, ama de casa. Pero iba al gimnasio y a jugar al tenis, para encontrar sitios donde moverme porque, si no, me volvía loca.

Millás, repuesto ya de la caída inicial, empieza a escuchar con interés aquella vida que era como una gota de agua en el océano del resto de las vidas. Del mismo modo, piensa, que hay hombres perdidos y mujeres perdidas y hasta niños perdidos, hay habitaciones perdidas y esta en la que ahora se encuentra es una de ellas, una habitación más entre las miles y millones de habitaciones que hay a lo largo y a lo ancho del mundo, cada una con su familia perdida dentro.

Mientras atiende a la enferma, piensa en Julia, la chica que los ha recibido, junto a Serafín, y que al principio tomó por una hija del matrimonio. Sin dejar de escuchar a Emérita, porque el cerebro, dice, es prodigioso y puede efectuar varias operaciones a la vez, «edita» mentalmente la escena de la entrada como un montador de cine edita una película. Selecciona unas escenas y desprecia otras, y luego vuelve a tomar algunas de las que ha despreciado o a destomar algunas de las que ha preciado, todo ello al servicio de construir un relato en el que Julia, la joven, no encaja en el papel de hija.

—Soy extremeña —continúa Emérita mientras Millás piensa en Julia—, pero mis padres emigraron a Madrid, donde mi padre puso un negocio de churrería y patatas fritas que le fue bien. Tenía instinto de empresario. Yo no he pasado penas ni recuerdo necesidades, así que todo esto me ha venido muy grande. La cosa empezó hace seis años, cuando al salir de una clase de yoga físico (intenté el mental, pero me volvía loca) me empezaron a pesar las piernas. Fui al de medicina general y de él al traumatólogo, que dijo que había que hacer una resonancia. Póngamela urgente, le dije, porque estoy muy malita, mire cómo vengo de asfixiada. Total, que me dan hora para dentro de cinco o seis meses. Claro, que como yo siempre he parecido más joven de lo que soy, atribuyeron todo a los últimos coletazos de la menopausia. Pero no era eso, claro, y yo lo sabía. ¡Era una falta de fuerza en las piernas y en las manos...! No podía ni subir a casa las bolsas de la compra, tenía que dejarlas en el portal hasta que bajara Serafín o me ayudara alguien. Total, que un día —habían pasado ya cinco o seis meses—, le dije a Serafín:

—Serafín, vámonos a urgencias.

Mientras Emérita y Serafín cogen el coche para ir a urgencias, Millás continúa montando y desmontando la escena de la entrada, abusando ahora de los primeros planos que ha tomado de Julia. Algo en ese rostro, en todo su cuerpo en general, le ha llamado la atención. Está preguntándose si la chica es fea. Guapa a primera vista no es, pero podría tratarse de una de esas bellezas ocultas que, al ser descubiertas, te dejan deslumbrado. Veamos, se dice mientras Serafín y Emérita atraviesan Madrid en dirección al hospital, lo que me ha llamado la atención de ella es un tipo de asimetría corporal que, a poco que te fijes, no es solo falsa sino que disimula una forma de asimetría mental. Por un instante se queda enganchado a la expresión «asimetría mental», preguntándose qué significa sin dejar por eso de reconstruir internamente, a base de unir con cuidado los hilos sueltos de su memoria, el rostro de la chica: su nariz afilada, sus ojos pequeños, y redondos, como de pájaro, uno de ellos ligeramente descentrado, no tanto como para decir que es bizca, pero lo suficiente como para sugerir que detrás de ellos late una inteligencia disidente, cismática, por decirlo en términos religiosos. La boca, también pequeña, y picuda por efecto de una quijada en forma de quilla, hace juego con los ojos. Cuando abre la boca, parece que va a piar, aunque, sorprendentemente, habla.

—El neurorradiólogo —continuaba Emérita— dijo que tenía un meningioma, que es el más benigno de los tumores, pues no se reproduce. Además, estaba en la segunda vertebral dorsal, lo que era una suerte porque se operaba fácil. Así que me asignaron una cama y el médico que tenía que operarme me dijo lo mismo: que era una intervención que hacía a diario y que no tuviera miedo. Me preguntó el anestesista si estaba tranquila y le dije que sí, y era verdad, no tenía ningún miedo. Eso era un martes, me parece, porque con las medicinas pierdo la memoria. Entonces resulta que viene el médico y me dice que tengo que esperar una semana, y que si quiero irme a casa y volver en unos días. Pero una médica joven, de prácticas, me aconsejó que no me fuera porque luego, a veces, había problemas de cama. Decidí quedarme porque apenas podía andar ni hacer nada y así quedó la cosa. Entonces un viernes o un sábado, no sé, se asoma el doctor por la puerta y me dice: Emérita, mañana tengo dos horas; si quieres, te opero. Pero no fueron dos horas, sino cinco. Salí del quirófano sin moverme, con morfina, veía el techo y el suelo raros. Pero dije: bueno, ya se me pasará. Lo que pasa es que al día siguiente, al quitarme la morfina, ya me noté como tullida. Y el médico no iba a la habitación. Habló en cambio con Serafín y le dijo que no movía los dedos de las manos ni de los pies, pero que había salido moviéndolos del quirófano, de modo que los recuperaría. Yo ya ese día vi que aquello era para siempre. Llamamos a un amigo enfermero y dijo que me habían tocado un poco la médula y que por eso estaba así. El médico mandó que me hicieran otra resonancia y me llevaron a no sé dónde en una ambulancia. Se vino mi amigo enfermero conmigo y volvimos con la resonancia. Después de que el médico la viera, entró demacrado en la habitación y dijo: Ya no puedo hacer nada, Emérita. De eso, hace cinco años y pico. Cuando llegue mayo, serán seis.

Sin dejar de prestar atención a Emérita, cuyo relato le conmueve, Millás continúa pensando en Julia porque reconoce en esa chica algo familiar que permanece suelto, pero que de súbito, gratuitamente, o quizá como premio al esfuerzo que viene realizando desde que se sentara en el borde de la cama, se acaba de abrochar. Lo familiar es el zurcido que acaba de advertir en la personalidad de Julia, y que se expresa sobre todo a través de su mirada, porque es del mismo tipo del que advirtió en la personalidad de María cuando, tras el «brote», ató cabos. Eso es lo que le había llamado la atención de la chica nada más verla. Cuando desarrollas, dice Millás, cierta sensibilidad para descubrir determinado tipo de agujeros abiertos en el yo, por bien zurcidos que estén, se te revelan.

Esta coincidencia, añadida a las demás, parecía otorgar de nuevo algún significado a su presencia en aquella casa.

—Quizá no lo tuviera —añade Millás—, pero no he logrado desembarazarme de un costado medio religioso, quizá medio marxista, según el cual bajo el azar se oculta algún tipo de necesidad.

El descubrimiento le hace perder por unos instantes el hilo del discurso de Emérita. Cuando lo retoma, ella dice:

—Me mandan entonces a un centro de rehabilitación de parapléjicos, un hospital tristísimo, frío, en Toledo. Allí me trata un fisio, uno de los mejores, que me ayudó mucho. Yo ponía el alma. Como he sido tan deportista... Pero cuando la médula está dañada, llegas hasta donde llegas. De hecho, desde hace año y medio he ido para atrás. Ahora viene un fisio a casa para mantenerme, y doblo un poco las articulaciones para colaborar a ponerme en pie cuando me llevan a hacer pipí. Estuve allí diez meses y los dolores, ya desde antes de ir, eran espantosos. Ahora solo puedo incorporarme así, un poquito, ¿ves?, y cuando me ponen en la silla de ruedas intento colaborar, pero al final me tienen que llevar en brazos, lo mismo que a la trona, para hacer mis cosas. No hay ninguna máquina para medir el dolor, pero yo ya no puedo más. Siento en todas las articulaciones, sobre todo en las de las manos y en las de los pies, un dolor que es como si me quemaran, como el de una persona que se ha quemado, es un dolor que llaman neuropático. Si me aumentan la medicación, no me va bien; si me la quitan, tampoco. Ya no pueden bajarme la morfina porque si te la quitan tienes mono. Es una situación muy complicada. Tomo doscientos cincuenta miligramos, creo que son miligramos, de morfina diarios, administrados en varias tomas. A la tarde tomo más porque es cuando más duele. A la noche, menos, porque tomo las pastillas para dormir y tengo menos dolor. Cada seis meses me llevan en ambulancia a la unidad de dolor de no sé qué hospital, me estoy quedando sin memoria, no sé, uno de los grandes. Me revisan la medicación y me dicen: Pues ponte esta aquí o esta allá, pero siempre es lo mismo. Como no hay solución, todo es lo mismo. Cada semana llama el médico. Si me encuentro peor, viene. Y siempre es lo mismo: subir la morfina. A mí la morfina no me quita el dolor, me adormece un poco. He tenido que echar mano de la marihuana que es lo que mejor me va. Eso lo hago sin receta, claro, la conseguimos por un cura de una iglesia que tiene mucho contacto con chicos jóvenes. Y los médicos lo saben. Sacaron una medicina de marihuana, pero no hacía nada porque solo tenía uno de sus componentes. La marihuana me duerme mucho, más que la morfina. El dolor sigue ahí pero no lo noto. Todas las tardes fumo un poco con una pipa de agua. Al tomar la morfina, no sé por qué, me da un pico de dolor y entonces tengo que fumar. Pero si me quitaran la morfina, no podría vivir. La marihuana, para mí, no es ningún placer. Me atonta y digo cosas raras o veo a un cartero atravesar la habitación, un cartero de los de antes, con la saca de cuero en bandolera. Tomo otros opiáceos legales, que son otros seiscientos miligramos, creo. Eso me obliga a tomar laxantes porque la morfina da un estreñimiento mortal y, si no, no puedo ir al baño. Aun así, de vez en cuando tengo que ponerme un enema. Tomo también nolotiles y buscapina para los dolores de vejiga, porque me he hecho resistente a los antibióticos y no se me quitan las infecciones. Lo malo de esta enfermedad es que no sabes si vas a durar cinco años o veinte. Yo tengo una serie de pastillas de varios tipos que hay que machacar y deshacer en agua o en un yogur, por el sabor. Supongo que cuando llegue el momento lo haré bien, pero son cuatro cajas de pastillas, algunas para la malaria, ya lo tengo todo preparado. He escrito una carta al presidente del Gobierno solicitando una ley que defienda los derechos de quienes quieren morir. Y estoy decidida. También he escrito al defensor del pueblo y al fiscal general del Estado. Fui al notario a entregar la carta que dejo a mi hija y que dejo al juez, para que quede claro que nadie ha intervenido. Es muy triste, pero no puedo más, no puedo más. Tengo plena conciencia, todavía, porque noto que la voy perdiendo. A mí me gustaría que esto se pudiera hacer en un hospital, bien atendida, sedada. Y lo tengo bien pensado porque en cinco años, casi seis, hay tiempo para pensarlo y repensarlo, en cinco años hay tiempo para todo. Si dijeras que hay un futuro, pero es que no hay futuro. La médula se rompe y está rota. Además, ahora tampoco dan dinero para investigar. Cada vez como menos, no me apetece nada, ni el mejor de los manjares. Ni el pan con tomate que tanto me gustaba para desayunar. Me entretienen mucho el cine y las series. ¿Sabes qué pasa? Que tengo que volver atrás porque me duermo, pero bueno, si tengo que volver atrás, vuelvo.

Las últimas palabras, más que pronunciarlas, las ha arrastrado, mientras caía y caía en el sueño en el que Millás la observa hundirse contra su voluntad, pues a medida que se duerme aprieta la mano del visitante como si de ese modo se aferrara a la vigilia. El primer ronquido, que tiene la calidad de un estertor, sobresalta a Millás. Luego, al comprobar que todos son idénticos y, en esa medida, normales, se libera de la mano de Emérita, se pone de pie y tras observar el caos de aquella habitación, donde la enferma parece un trasto más, sale al pasillo y desde él llega al salón, donde Serafín, Carlos Lobón y Julia permanecen sentados, hablando de cualquier cosa.

—Se ha dormido —dice Millás.

Serafín mira el reloj y compone un gesto de extrañeza.

—Pues ahora le tocaba la marihuana. Se ve que la conversación le ha hecho bien.

Millás toma asiento y piensa que, observados desde fuera, habría sido imposible deducir la relación que les une. Acepta un té que le prepara Julia y se incorpora mecánicamente a la conversación. Dice que no puede dejar de observar a la chica, por su fealdad rara, casi en la frontera de lo sublime. Y dice que de repente, interrumpiendo la conversación general, la joven se dirige a él para preguntarle:

—Usted es escritor, ¿verdad?

—Sí —dice Millás intimidado.

—¿Sabría decirme por qué la frase «soy una frase incorrecta» es correcta, mientras que «soy un frase correcto» es incorrecta?

Millás ríe buscando la complicidad de Serafín y de Lobón, que permanecen serios, como Julia, atentos a su respuesta. Dice:

—Bueno, «soy una frase incorrecta» es correcta, formalmente hablando, porque todos sus elementos concuerdan. Otra cosa es que mienta acerca de sí misma. En «soy un frase correcto», en cambio, hay problemas de concordancia. «Un» debería ser «una» y «correcto» debería ser «correcta».

—Pero también miente —dice Julia.

—También miente —acepta Millás.

Y eso fue todo.

10

Por entonces, a Millás se le habían podrido dos novelas, una detrás de otra, apenas comenzadas. Dos abortos que le habían dejado sin ganas de iniciar la gestación de una tercera, pese a que, al revisar sus cuadernos de apuntes, tropezó con alguna anotación sugestiva. No es problema de las ideas, se dijo al fin, es problema del aparato reproductor, que está viejo, ya no soporto más ficción. Aun felicitándose por el coraje del diagnóstico, que le ponía a salvo de acometer sin ganas un tercer proyecto narrativo condenado al fracaso, cayó en una apatía creadora que contaminó enseguida los demás aspectos de su existencia. No hallaba placer en nada, ni siquiera en la lectura. Los libros se le caían de las manos como las hojas de los árboles. Los libros seguramente estaban vivos; sus manos, tal vez, no. Dejó de madrugar, de dar sus paseos matinales, de controlar lo que comía, y al poco había engordado siete u ocho quilos. Ocho quilos, dice él, de carne podrida, como las novelas a cuya escritura había renunciado.

Para aliviar el desasosiego consecuente y ocupar los espacios que le dejaban libre los afanes del día a día, comenzó la escritura de un *Diario de la vejez*, pues habiendo cumplido ya la edad en la que los otros se jubilan, tanto su cuerpo como su cabeza sufrían los quebrantos propios de la edad madura. Quizá la observación de esos desórdenes, pensó, tuviera algún valor retórico. El diario, lejos de atenerse a la literalidad de los hechos, mezclaba lo que le ocurría con lo que se le ocurría, otorgando a aquello y esto el mismo rango, igual que cuando se describe un sueño como si hubiera sucedido o un hecho como si se hubiera soñado.

También retomó su terapia, abandonada hacía veinte años, aunque con una psicoanalista distinta a la de entonces. Una psicoanalista nueva, de casi ochenta años, de la que había obtenido buenas referencias. La anciana, de nombre sonoro (Micaela), pasaba consulta en un desangelado apartamento de la calle Espronceda en el que, evidentemente, no vivía. Atendía muy arreglada, protegida casi siempre por un chal de uno u otro color, en función de lo que llevara puesto. El pelo, completamente blanco, formaba sobre su cabeza una arquitectura invariable, a base de ondas que despedían un halo hipnótico. Dice Millás que al desenfocar la mirada sobre esas ondas, devenían en una aureola, como si la base del cráneo de la terapeuta despidiera una fosforescencia leve que se filtrara a través del cabello. Se maquillaba discretamente el rostro, se perfilaba con moderación los labios y usaba un perfume que, sin invadir, se hacía notar. Sorprendía, por el contraste con la distinción del conjunto, que calzara siempre unas aparatosas deportivas, con cámara de aire, seguramente por un problema de tobillos.

Para llegar a la habitación donde pasaba consulta había que atravesar una pequeña e inhóspita sala con cocina americana, cuya ventana daba a un patio interior por el que parecía que llovía todo el tiempo, como si tuviera un clima propio. La consulta, que daba a la calle, era rectangular y, además del diván, disponía de un cómodo sillón para las sesiones cara a cara.

En el primer encuentro, Millás explicó que había decidido retomar la terapia para ver cómo era cuando no hacía falta.

—¿Qué quiere decir? —preguntó ella.

—Bueno, en la otra ocasión, hace veinte o veinticinco años, estaba hecho polvo, lleno de síntomas que me hacían sufrir lo indecible. Ahora no me pasa nada, nada especialmente patológico al menos, y me apetece disfrutar de un análisis en estas condiciones. Es un regalo que me hago.

Frente al silencio de la analista, Millás siguió hablando, dijo que tras pronunciar la palabra «regalo» le habían dado ganas de añadir el adjetivo «envenenado», «regalo envenenado».

—No porque se trate de un regalo envenenado —aclaró—, sino por una cuestión de orden mecánico. Ya sabe, hay palabras que llaman a otras.

—¿Por ejemplo? —preguntó ella.

—No sé, si dices «electricidad», te dan ganas de añadir «estática», ¿no?, «electricidad estática».

Calló. La analista también callaba, aunque con gesto de prestarle una atención formidable, de modo que Millás continuó hablando y se metió en un jardín.

—En realidad, quizá sí se trate de un regalo envenenado, ¿cómo saberlo? Dicen que cuando Freud fue a América, al divisar desde la cubierta del barco la estatua de la Libertad, se volvió a Jung para decirle: «No saben que les traemos la peste.» Luego he leído en algún sitio que se trata de una leyenda, que nunca pronunció esa frase, aunque para su reputación, creo yo, hubiera sido mejor que sí. El psicoanálisis tiene algo de peste, ¿no?

—Me dijo usted —intervino entonces la mujer— que había dudado si acudir a su antigua psicoanalista. Parece que le fue bien con ella. ¿Por qué no lo hizo?

—Lo pensé, pero sentí que era como volver a casa. Como volver a la casa de mis padres para preguntarle a mi madre si lo había hecho bien.

—Si había hecho bien qué.

—La vida, si había hecho bien la vida.

—¿En qué consistiría una vida bien hecha?

Millás permaneció pensativo unos segundos. Luego le vino a la cabeza la imagen tópica de un pan de leña.

—No sé, una vida pacientemente amasada, con la cantidad de levadura justa y las horas de reposo precisas, una vida bien horneada, ¿no?

—Supongamos que sí. ¿Pero no le importaba la opinión de su padre?

—Mi padre no tenía opinión.

—¿Viven sus padres?

—No, claro, serían matusalenes.

—¿Se ha preguntado alguna vez si su madre, de vivir, estaría orgullosa de usted?

—Quizá sí, pero he evitado la tentación de la respuesta. Resulta algo infantil esa necesidad de reconocimiento.

—Respóndase ahora. ¿Cree que su madre estaría orgullosa de usted?

—Preferiría no hablar de mi madre. Ya le he dicho que es una de las razones por las que no llamé a mi antigua analista.

—Decía también que ahora no le pasaba nada.

—Nada grave al menos. Atravieso un periodo de sequía creativa que tal vez sea definitivo. Todo se acaba, ¿no? He abortado un par de novelas.

—¿Abortado?

—Es un modo de decirlo. El espermatozoide llega al óvulo, lo fecunda, la placenta se agarra al útero, comienza la división celular, aparecen los primeros órganos del relato y a los dos meses comienzo a manchar, a tener pérdidas..., ya sabe.

—No, no sé, no soy novelista.

—Pero es mujer, quizá sepa lo que es un aborto.

—Perdone que vuelva un momento a su madre. ¿Tuvo ella alguno?

Millás palideció.

—¿Mi madre?

—Su madre.

—Dos —dijo Millás.

—Curioso, los mismos que usted.

—Sí...

Dice Millás que aquella primera sesión se le hizo

larga y que ni le gustó ni se gustó, quizá por esa insistencia en comparar el proceso de construcción de una novela con el proceso de construcción de un individuo. Aunque se sentía seguro en ese tipo de asociaciones, le fatigaban en la medida en que había abusado de ellas. Soy un gilipollas sin remedio, se dijo mientras esperaba el ascensor.

La segunda sesión eligió el diván y, mientras hablaba de cualquier cosa que no fuera su madre, descubrió en las irregularidades de la pintura del techo el mapa de un país imaginario. Se lo dijo a la psicoanalista:

—Usted, desde su posición, no puede verlo sin levantar la cabeza, pero tiene en el techo el mapa de un país imaginario.

—¿Por qué de un país imaginario? ¿Qué es lo que lo hace distinto del mapa de un país real?

Millás recibió la pregunta como un golpe en el pecho, aunque también como una revelación.

—¿Qué piensa? —insistió ella al cabo de unos minutos de silencio.

—Me preguntaba —dijo él— cómo distinguir una novela verdadera de una falsa.

—¿Una novela es como un mapa?

—Sí y no. Por un lado, es un territorio autónomo, pero por otro es una representación. En lo que tiene de representación, la novela tiene también algo de mapa.

—¿Y todo esto adónde le lleva?

—Aún no lo sé. Pero de repente se me ocurrió la idea de que si estoy incapacitado para escribir una novela de verdad, quizá pudiera escribir una falsa.

—¿Una copia, quiere decir?

—Una copia, sí, una copia que fuera a la novela de verdad..., no sé, lo que la metadona a la heroína.

—La metadona también crea adicción.

—Pero es legal. Se la dan en las cárceles a la gente enganchada.

—Entonces —intervino la psicoanalista tras unos instantes de silencio— es un problema de legalidad. Usted no puede escribir novelas porque lo considera ilegal.

—¿Qué dice? ¿Por qué habría de considerarlo ilegal?

—No sé, ha dicho que estaba dándole vueltas a la idea de escribir una novela falsa porque sería la versión legal de la novela verdadera al modo en que la metadona es la versión autorizada de la heroína.

—Estoy confundido —dijo Millás—. Creo que prefiero dejarlo.

Callaron los dos. Millás, que tenía las manos sobre el pecho, como los muertos en la capilla ardiente, cerró los ojos, y se hundió espontáneamente en una forma de ensimismamiento que, sin resultarle ajena, tampoco le atacaba con frecuencia. Durante ese estado, se sucedían manifestaciones anormales que él interpretaba como delirios pasajeros, espejismos de carácter interno que, sin hacerle daño, o poco daño, le empujaban a la creación. Delirios narrativos, decía él a veces. Lo que ocurrió aquel día, en el diván, después de que cerrara los ojos, fue que a su lado, y en una posición idéntica a la de él, se manifestó otro Millás. Otro Millás al que habría podido tocar solo con desplazar el brazo derecho. Era la tercera ocasión de su vida en la que sentía aquel desdoblamiento. La primera había sido en la infancia, en la cama de sus padres. Enfermo de anginas y atacado por una fiebre alta, al extender un brazo para hacerse una idea del tamaño de la cama, había tocado la mano de otro Millás situado junto a él, que desapareció cuando volvió la cabeza para verlo. La segunda, en la juventud, en el metro, de camino a la universidad. De súbito, al levantar los ojos, había visto a otro Millás en el asiento de enfrente, sentado en idéntica posición a la de él y mirándole con la misma expresión de perplejidad que debía de haber en sus ojos. La alucinación duró el tiempo de un parpadeo, pues al abrir los ojos, el otro Millás había sido sustituido por un tipo cualquiera.

Ahora estaba allí de nuevo, con una presencia categórica, incontestable, igual que en las ocasiones anteriores. ¿Quién sería ese Millás al que había espantado ya dos veces? ¿Lo espantaría una tercera? ¿Habría acudido este gemelo al reclamo de la novela falsa sugiriendo quizá que él sería capaz de escribirla si se le proporcionaba un estatus, si se le hacía un hueco? Millás permaneció con los ojos cerrados, aparentando tranquilidad. Tenía la sospecha de que en las ocasiones anteriores había hecho desaparecer a su gemelo con su pánico. Piensa en otra cosa, se dijo, recordando el patio interior que se veía desde el salón-cocina de la psicoanalista. Sin levantar aún los párpados, dijo:

—El patio interior de la habitación de al lado parece tener un clima propio, como si fuera el patio interior de una ciudad del norte, muy lluviosa, y lo hubieran trasplantado a este edificio de Madrid.

—¿Trasplantado al modo en que se trasplanta un órgano? —dijo ella.

—Algo así —dijo él.

Y mientras hablaba del patio interior como de un hígado que pasa de un cuerpo a otro, continuaba percibiendo al otro Millás, cuya presencia permanecía durante más tiempo que en las ocasiones anteriores gracias, interpretó el Millás de aquí, a que no había dado muestras de pánico. Sigue así, se decía, sigue así, mientras enumeraba para la psicoanalista los patios interiores de su vida, asociando unos con otros, señalando las diferencias y las semejanzas entre estos y aquellos. Y el otro Millás continuaba allí, a su lado, de modo que cuando la mujer dijo que ya era la hora, Millás abrió los ojos con cuidado para no asustar a la alucinación y comprobó que el otro Millás seguía junto a él. No es que lo viera con los ojos, no era preciso, pero lo sentía como se siente un vacío allí donde debería haber un volumen. Y ese Millás se incorporó al mismo tiempo que él y se despidió de la psicoanalista a la vez que él y salió del piso y tomó el ascensor con el Millás de aquí, y juntos llegaron a la calle, y a Millás le parecía un prodigio caminar junto a él porque, aunque no se hablaban (por alguna razón, no podían), había algo del espíritu del Millás de allá que llegaba al de acá como a través de los tabiques se cuela la música de la casa de al lado. Y lo que se colaba era una sensación de euforia, una sensación de poder, una sensación de que por fin las cosas empezarían a arreglarse.

Al día siguiente, recibió la llamada de Carlos Lobón, el representante de DMD, invitándole a conocer a Emérita. Dice el Millás de acá que mientras hablaba con Lobón por teléfono, resistiéndose a su propuesta de escribir un nuevo reportaje sobre la eutanasia, el Millás del otro lado, que continuaba junto a él, lo alentó de algún modo a aceptar. Y fue cuando sucedió toda aquella catarata de coincidencias: que la tal Emérita viviera en la misma calle, en la misma casa y en el mismo piso donde había sufrido aquella experiencia de juventud. Aceptó, pues, y así conoció a Julia y comprendió que algo de lo que le ocurría a esa chica le concernía misteriosamente a él. Y entonces, con la coartada de escribir un reportaje sobre Emérita, empezó a visitar con cierta asiduidad la casa de Serafín y cada día, luego de que Emérita se durmiera, aceptaba un café de Julia y trababa conversación con ella. No siempre estaban solos. Con frecuencia aparecían por allí el cura que proporcionaba a Emérita la marihuana y Carlos Lobón u otro voluntario de DMD. El cura, de nombre Camilo, era un pariente lejano de Serafín y estaba adscrito a una parroquia del extrarradio. A veces llevaba una sotana sobre la que él mismo hacía ironías, aunque por lo general vestía como un jefe de negociado.

Julia servía los cafés y hablaban de cualquier cosa, retrasando el momento de disolverse, como si cada uno por sus propias razones hubiera encontrado un hogar en aquella casa en la que rondaba la muerte. Un día en el que se quedaron solos, Millás le confesó a Julia que le gustaría escribir algo sobre ella.

—Pues piensa antes de empezar a escribir —respondió la chica—, escribe con orden, elige las palabras con cuidado, evita las repeticiones innecesarias y las muletillas, escribe con naturalidad, relee lo que has escrito y corrige si es necesario.

Frente a la expresión asombrada de Millás, la chica fue a su cuarto y regresó con un cuaderno escolar, de los de vacaciones, en el que se daban al alumno estas recomendaciones de cara a un ejercicio de redacción.

—Procuraré hacerlo —aceptó Millás—, pero necesitaría que me contaras cosas sobre ti.

—Pues te voy a contar lo de **Pobrema**, por ejemplo, una palabra que jamás había sido escrita ni pronunciada, que no estaba en ningún libro ni en ningún periódico, que no formaba parte de ninguna canción, de ningún verso, ni de manual alguno de instrucciones...

El Millás de acá la escuchaba atónito, como si la chica, sin ser consciente de ello, estuviera a punto de revelarle un secreto fundamental, aunque posiblemente terrorífico, acerca de la lengua y, en consecuencia, acerca de la vida. En cuanto al Millás de allá, que era el que tomaba las notas y se encargaba de ordenarlas, asistía a la escena haciendo cálculos mezquinos acerca de si con aquel material desquiciado se podría escribir una novela falsa. El Millás de allá y el de acá ya no mantenían, como al principio, posiciones claramente diferenciadas, sino que el de acá era a veces el de allá y el de allá era a veces el de acá. Se alternaban en la tarea de escuchar y de tomar notas, pues la alucinación se había estabilizado sin que ello afectara a la vida cotidiana del escritor, que continuaba haciendo las cosas de siempre, aunque a veces no estuviera claro quién las hiciera. El Millás de acá notaba, por ejemplo, las intromisiones del de allá al leer, ya publicados, los artículos que enviaba a los periódicos. Este no lo he escrito yo, se decía, lo ha escrito él. Y no solo se lo decía él a sí mismo, también los lectores comentaban con desconcierto en internet las apariciones del Millás de allá. Un día, decidió hablar de este desdoblamiento en la terapia:

—Verá —dijo mientras contemplaba el mapa del país imaginario dibujado en el techo de la consulta—, no se lo había comentado hasta ahora, pero en una de las primeras sesiones estaba como ahora mismo, tumbado en el diván, con los ojos cerrados, cuando sentí que otro Millás permanecía acostado junto a mí. Fue una sensación muy intensa, juraría que, de haber extendido la mano, lo habría tocado. Era la tercera vez en mi vida que sufría esta especie de desdoblamiento, pero en las dos anteriores el otro Millás desapareció enseguida, creo que espantado por mi pánico. En esta ocasión, sin embargo, permaneció; de hecho, abandoné la consulta en su compañía. Y desde entonces no se ha ido.

—¿Ahora mismo está? —preguntó la psicoanalista.

—No de una manera tan patente como usted sugiere. Quiero decir que el desdoblamiento ha ido sufriendo modificaciones. Ahora, más que coincidir, nos alternamos.

—¿Significa que no siempre viene a la consulta el mismo Millás?

—Eso es, quizá usted lo haya notado. Unas veces viene el de allá y otras el de acá.

—¿Usted los distingue?

—La verdad, no del todo.

—¿Hoy ha venido el de allá o el de acá?

—Creo que el de acá. En estos momentos al menos

le habla el de acá. El de allá seguramente no le haría esta confesión.

—¿Por qué?

—Porque sus intereses están más claros que los míos. Y no tiene, como yo, miedo a la locura.

—¿Por qué no tiene miedo?

—No sé. ¿Quizá porque ya está loco?

En ese instante, el Millás de acá sintió que estaba traicionando al Millás de allá y supo que el Millás de allá le estaba escuchando.

—Nos está escuchando —dijo revolviéndose, incómodo, en el diván.

—¿Quién? —dijo ella.

—El Millás de allá. No debía haber hablado de él. Aunque quizá sea él quien está hablando de mí.

Millás se calló y la psicoanalista tampoco dijo nada. Pasados unos minutos, Millás se incorporó y solicitó que le dejara utilizar el lavabo. La psicoanalista le señaló la puerta, adonde se dirigió conteniendo un furor intestinal que le impelía a vaciarse. Apenas tuvo tiempo de bajarse los pantalones y de sentarse en el retrete antes de que se produjera una explosión corporal seguida de una pérdida de aire que lo dejó exhausto, como un globo al deshincharse. Avergonzado por el estallido fecal, que sin duda se había escuchado al otro lado de la puerta, Millás, el Millás de acá, pensó que aquella descomposición súbita había sido obra del Millás de allá. ¿Se trataba de un aviso, de una amenaza, para que dejara de hablar?

De regreso al diván, aturdido como un desenterrado, intervino la psicoanalista.

—Verá —dijo—, por lo poco que le conozco, y le aseguro que es mucho dada mi experiencia, es usted una persona sugestionable y autosugestionable. Nunca, a lo largo de mi carrera, he utilizado el argumento de autoridad con mis pacientes, pero le veo a usted tan asustado y es tal la desproporción entre su susto y sus causas, que me veo obligada a decirle que no está usted loco, créame, no es ese su problema. Quizá sea un neurótico, incluso un neurótico grave, pero un neurótico siempre vuelve. No es que vuelva, es que ni siquiera se va. No hace mucho me habló usted de María, la compañera de su juventud que sufrió un brote psicótico en el mismo piso donde ahora ha conocido a la tal Julia. Es evidente que Julia, por algunas características que señala de ella, le ha recordado a María. Ha enlazado usted las dos situaciones, la de entonces y la de ahora, y ese enlace ha reeditado algo que permanecía sin resolver en su conciencia. Con todo esto no digo que no haya algo de cierto en el desdoblamiento del que habla, pero es más retórico, más novelesco, si no le molesta el término, que real.

—¿Y por qué necesitaría de ese Millás retórico?

—Dígamelo usted.

—No tengo ni idea.

—Habíamos quedado en que iba a escribir una novela falsa porque le daba pánico escribir una verdadera.

—No dije que me diera pánico.

—Bueno, comparó la novela verdadera con la heroína y la falsa con la metadona. Luego dijimos que la metadona, pese a tratarse de una droga legal, también tenía sus peligros: creaba adicción, por ejemplo. ¿Por qué no encargarle esa novela falsa a un Millás también falso? De ese modo usted, el Millás de acá, si es el que me escucha ahora mismo, queda a salvo de todo.

—Pero escribe una novela.

—En todo caso, la firma.

Millás no añadió nada más y la psicoanalista dio por terminada la sesión a los pocos minutos.

DEL *DIARIO DE LA VEJEZ* DE MILLÁS

Estoy frente al doctor Luzón, mi médico de cabecera, preguntándole si la colonoscopia es aconsejable o si se trata de una moda. Toda la gente de mi edad se ha hecho al menos una. No hay comida dominical en la que no se hable del asunto.

—A mí me quitaron dos pólipos —dice alegremente uno.

—A mí un tumor, pero tenía el tamaño de un grano de arroz —dice otro—. Según el médico, podría haber degenerado.

El doctor Luzón me devuelve la mirada con la expresión que utiliza, pienso yo, para relacionarse con los pacientes hipocondríacos. No soy hipocondríaco, pero él cree que sí y yo he ido respondiendo a esa imagen para no decepcionarle.

—Verás —me dice—, si tuvieras algún desajuste digestivo, por pequeño que fuera, te diría: háztela mañana mismo.

—Definamos desajuste digestivo —digo yo pensando en los ardores de estómago.

—Bah, Juanjo, no fastidies, tú sabes de qué hablo —dice el médico.

—¿Y si no tuviera ningún desajuste digestivo?

Luzón calla. Supongo que continúa haciendo cálculos. Por fin apunta:

—Bueno, lo cierto es que la colonoscopia, a tu edad, ha salvado muchas vidas.

—De la gente que yo conozco —añado—, a la que no le han descubierto un pólipo le han extirpado un tumor.

—De acuerdo —concluye—, dale una vuelta y si decides seguir adelante te recomendaré el mejor sitio.

11

Dice Millás que los encuentros con Emérita comenzaron a resultar penosos. Dado que la vida del escritor resultaba más interesante para la enferma que la de la enferma para el escritor, los papeles se invirtieron y la que preguntaba era ella. Millás respondía con desgana, ciñéndose a los lugares comunes con los que creía satisfacer su curiosidad, siempre a la espera de que se cansara o se durmiera para encontrarse con Julia. No sin repugnancia, le corroboró el mito de la angustia ante la página en blanco, le confirmó también que sí, que los personajes se rebelaban con frecuencia y hacían lo que les convenía a ellos y no lo que le venía bien a la novela, que la inspiración atacaba en los momentos más inesperados, a veces cuando uno estaba en la cola de la pescadería o en mitad de la noche, por lo que convenía llevar siempre un cuaderno en el que anotar estas ráfagas...

Millás sentía asco de sí. Pensaba que si Emérita, al llegar al infierno, decidiera publicar un libro sobre escritores basado en las idioteces que él le proporcionaba, devendría en un *best seller* de humor negro entre los condenados. Pero, junto al asco, aparecía el cálculo de lo que aquella relación podía reportarle, no por el material que obtenía de la enferma, que le aburría, sino por aquel otro que, si su olfato no fallaba, podía llegar a obtener de Julia. El Millás de acá se hacía cargo del asco y el de allá de los beneficios, aunque a veces, no resultando fácil distinguir los beneficios del asco, tampoco era sencillo diferenciar a un Millás del otro.

—Creo —dijo un día Emérita— que me entretienes para que no me mate.

—Entonces soy un Sherezade al revés —agregó Millás con una sonrisa autosatisfecha, idiota, suponiendo que en esa clase de sherezadismo podría haber algo de generosidad altruista.

—Sí —dijo ella—, pero lo haces también por egoísmo, como el personaje de *Las mil y una noches*.

Millás notó un cambio brusco. Había, en el modo con el que Emérita acababa de pronunciar aquella frase, una dureza inédita, una determinación que contrastaba con el tono habitualmente admirativo con el que se dirigía a él. Me ha cazado, se dijo. Nos ha cazado, se oyó repetir, ya que, de tratarse de una trampa, los dos Millás habían caído en ella.

—¿Por egoísmo? —repitió.

—Sí, porque quizá cuando yo muera no tengas excusa para continuar viniendo a esta casa. Hay algo aquí que podrías perder si me pierdes a mí. Y no solo tú. También Julia, y el cura Camilo y Carlos Lobón, todos, incluido Serafín. Parece que me paso el día adormilada, ida, pero le doy muchas vueltas a la cabeza y, ¿sabes qué?, he llegado a la conclusión de que, sin darme cuenta, desde la cama, he construido una familia, una familia falsa mucho más sólida que la mayoría de las verdaderas. ¿Me escuchas o no?

—Sí.

—¿Y esa cara?

—Pensaba en lo falso y lo verdadero. Hay reportajes falsos mejores que los verdaderos.

—A Serafín y a mí no nos salió bien la familia verdadera —continuó Emérita—. Prácticamente, hemos perdido el contacto con nuestra hija. Mira, yo me casé un poco por casarme. Tenía un temperamento práctico, es imposible montar una ferretería si no tienes los pies en el suelo. Date cuenta de que despachábamos herramientas con nombres terribles, como mordaza o sacabocados. Serafín era más soñador. En la agencia de viajes, realizaba sus sueños al cumplir los de los demás. Ya sabes qué clase de sueños: hoteles, ciudades, países, calles, museos... Durante años, se traía a casa los manuales de tarifas aéreas y terrestres y marítimas y se pasaba las horas ahí, en la cocina, consultando los libros y construyendo viajes imaginarios a precios inigualables. Le dieron varios premios porque no había nadie que supiera combinar como él las tarifas. Se asomaba al salón y me decía: «Imagina un viaje cualquiera.» «Media vuelta al mundo», le decía yo. «¿Parando en hoteles de tres estrellas?», preguntaba. «Mejor de cuatro», decía yo. Y a la media hora aparecía con una propuesta de ruta que era imposible rechazar por su diseño y por su precio. Resolvía itinerarios como otros resuelven crucigramas. A mi hija le encantaba el juego, quizá por eso salió tan viajera. Pero en un momento determinado algo me ocurrió a mí que lo transformó a él. Cambió de carácter, de hábitos, se volvió otro. Desde afuera, se podría haber pensado que había otra mujer, pero no había nadie, era imposible que hubiera alguien o algo con la vida que llevaba, una vida perfectamente controlable y económica, parecía una vida diseñada también por un experto en tarifas aéreas, una vida chárter podríamos decir, en la que ibas en grupo a todas partes, viendo las cosas a toda prisa y comiendo en restaurantes típicos. Un cuarto de vuelta al mundo volando en seis o siete compañías distintas, algunas con azafatas muy exóticas, y parando de dos a tres noches en hoteles de tres o cuatro estrellas...

Emérita intentó cambiar de postura:

—Ayúdame un poco —dijo.

Millás, que ya había adquirido cierta práctica en la manipulación de su cuerpo, la tomó del hombro y de la cadera por encima de la sábana para evitar el contacto directo con la piel y la colocó de costado, mirando hacia él. La enferma lo observó desde la nueva postura.

—Ahora la Sherezade soy yo, ¿verdad?

—Sí —dijo él avergonzado.

—Pues eso son la mayoría de las vidas, un cuarto de vuelta al mundo visitando a la carrera los museos más importantes de cada sitio. Como para poder decir a los vecinos que has estado allí. Yo no creo que haya nada después de la muerte, ya lo sabes, pero si hubiera algo y me preguntaran, como cuando vuelves de un viaje, qué he visto, diría lo que dicen los turistas y con sus mismas palabras. Pero si me lo preguntara alguien con verdadero interés, alguien con sensibilidad, pongamos que una especie de escritor como el que me gustaría suponer que eres tú, entonces le contaría que en esa visita por la vida, pese a su carácter eminentemente turístico, había apreciado alguna cosa rara, alguna cosa fuera de lo común, algún prodigio.

Dice Millás que en ese momento se encontraba francamente conmovido y que la conmoción provenía de la culpa de haber tratado tan mal a Emérita, de haber sido tan duro con ella. Dice Millás que él podía ser muy duro en ocasiones, sobre todo cuando de lo que se trataba era de defenderse de los afectos. Y que jamás se daba cuenta de que había sido duro sino a posteriori, después, cuando la situación había pasado o la persona de la que se había defendido estaba muerta o lejos. En ese instante, dice, y como si se le hubiera desprendido una venda de los ojos, cayó en la cuenta de que se encontraba en la habitación de alguien que había decidido quitarse la vida, que quizá se la quitara esa misma noche, y dice que advirtió que la habitación olía a vómito y a medicinas fermentadas por los jugos gástricos, y a marihuana y a jarabes y a cremas para la piel y a piel, y que la habitación olía a cerrado también porque la enferma siempre tenía frío y olía como huele el cabello cuando se lava muy de tarde en tarde, y olía a alcohol y a desinfectantes varios y también a climatizadores y a velas y olía a almendras amargas y olía como debe de oler la muerte cuando la muerte está doblando la esquina de tu casa, y dice que él había cerrado sus sentidos a aquel cóctel, que cuando llegaba a la habitación de la enferma, todos sus sentidos entraban en suspensión y no olía nada, pero tampoco sentía nada. Emérita había comenzado a parecerle una pesada y para defenderse del hecho de que era una pesada enferma, una pesada que se iba a suicidar, se endurecía y se endurecía y no sentía nada. Pero sin darse cuenta de que no sentía nada de lo que debía sentir. Por eso, cuando la enferma le habló a su vez con aquella dureza, reparó en el lugar en el que se encontraba y vio de nuevo, como la primera vez, aquella habitación ocupada por una cama enorme, una cama de hospital de segunda mano, con manivelas para mantener el cuerpo en una u otra posición, aunque ya ninguna la calmara, y vio la silla de ruedas en la que hasta hacía poco todavía era posible sentar a la enferma un rato por las tardes, y vio la trona donde aún lograban colocarla para que hiciera sus deposiciones, y vio el televisor de plasma y el aparato de DVD sobre un mueble con ruedas que permitía llevarlo de acá para allá, y vio la mesilla de noche colonizada por una legión de medicinas y vio dos sillas que nada tenían que ver con el conjunto y un pequeño sillón de orejas donde Serafín pasaba alguna noche, dando cabezadas. Advirtió entonces que la habitación, con el paso del tiempo, se había convertido en un trastero en el que uno de los trastos era la enferma. Y supo que ella sabía que era un trasto y que así la había venido tratando Millás, con buena educación, pero finalmente como un objeto inservible, inservible incluso desde el punto de vista del periodismo o la literatura. Y comprendió lo que Emérita había dicho acerca de aquella extraña familia que se había congregado en torno a ella. Una fuerza centrífuga le había hecho perder a la suya cuando estaba sana, y una fuerza centrípeta le había traído a esta otra después de que enfermara. Y temió, sí, que se muriera o se matara, como estaba previsto, porque quizá al morir ella el resto de la familia se disolviera y adónde iría él los martes y los jueves, aunque también los otros días de la semana en los que se dejaba caer por allí a veces, como el que pasaba por el barrio, adónde iría, a qué clase de club, a qué curso de inglés, a qué tertulia capaz de sustituir aquel espacio tan protector y tan enfermo. Y en ese instante también se dio cuenta de que la habitación en la que se encontraba era la sala de máquinas del resto de la casa. Si en el salón charlaban tranquilamente Serafín y Julia y quizá el cura Camilo y tal vez Carlos Lobón, el voluntario de DMD, era gracias a que había una sala de máquinas: la habitación de la enferma que se ocupaba de mantener toda aquella complejidad en movimiento. Y entonces tuvo dudas sobre si se había equivocado acerca de la protagonista del reportaje o de la falsa novela, aún ignoraba qué tenía entre manos. Todo esto pasó por su cabeza en un instante, que fue también el instante durante el que Emérita se quedó dormida, aunque era la hora de la marihuana.

Millás permaneció todavía un rato junto a la enferma y luego se levantó despacio y salió al pasillo y desde él dirigió sus pasos al salón, donde tomó asiento junto a Serafín y al cura Camilo justo en el momento en el que Julia les decía:

—Tú dices «bocadillo» y todo el mundo entiende que quieres un bocadillo. Dices «chocolate» y todo el mundo entiende que quieres chocolate. Dices «agua» y todo el mundo entiende que quieres un vaso de agua. Aunque lo correcto es pronunciar la frase entera: «Quiero mortadela», «quiero chocolate» o «quiero agua». Pero hay personas, los niños pequeños, por ejemplo, que no saben construir frases y se las arreglan a base de lanzar al aire sustantivos sueltos: «galleta», «leche», «yogur», «caca», «pis», «daño», «sueño», «coche», «lluvia», etc. El sustantivo es tan importante que si coges una frase cualquiera y le quitas todos los sustantivos se queda muerta, sin significado, plaf. Esta, por ejemplo: «La cocina no tiene luz porque se ha fundido la bombilla.» Quitamos «cocina», quitamos «luz» y quitamos «bombilla». ¿En qué queda la frase? En esto: «La no tiene porque se ha fundido la.» Le dice un niño a su madre que «la no tiene porque se ha fundido la» y sale corriendo al médico con él. Otra frase cualquiera: «Me he pillado los dedos con la puerta.» Quitamos el sustantivo «dedos» y quitamos el sustantivo «puerta», porque no hay más, y queda así: «Me he pillado los con la.»

La chica soltó una carcajada que los demás corearon brevemente. Dice Millás que en la carcajada de ella había algo extraño, como si se tratara de una carcajada sintética, obtenida en un laboratorio de Silicon Valley, una carcajada sin alma.

—Aquí —continuó Julia señalando a Millás— tenemos un escritor que puede decir si es verdad o no lo que he dicho. —Millás asintió con gravedad—. Sin el sustantivo, las frases no irían a ningún sitio. Es preferible tener un sustantivo sin frase que una frase sin sustantivo. Hagamos, si no, el juego al revés. Buscamos una frase sin sustantivos e intentemos ponérselos: «Nos sentamos a la... y nos comimos un... de mi...» Perfecto, he aquí una frase que no tiene significado porque no tiene sustantivos. A ver si la podemos arreglar. «Nos sentamos a la mesa y nos comimos un pollo de mi granja.» ¿Es o no es importante el sustantivo?

El cura Camilo intercambió una sonrisa irónica con Serafín y luego guiñó un ojo de complicidad a Millás.

—El sustantivo —continuó Julia—, fue el primer colonizador de los cerebros como los peces fueron los primeros colonizadores de la Tierra. Supo que sin él no habría lenguaje, que sin él no habría oraciones gramaticales, y esa importancia se le subió a la cabeza. Así, el sustantivo «mesa», por poner un ejemplo, no se conformó con provocar en nuestra mente la imagen de ese objeto formado por un tablero y cuatro patas. Quiso más, quiso ser una mesa «grande», una mesa «redonda» o una mesa «rectangular» o una mesa «amarilla» o «roja» o «baja» o «alta». Las palabras que dicen algo del sustantivo se llaman adjetivos, ¿sí o no, Millás?

Millás asintió.

—Podríamos decir —continuó Julia— que los adjetivos son añadidos o adornos que le ponemos al sustantivo para decir algo de él. El adjetivo es para el sustantivo lo que la ropa para un actor. Como los actores van a muchas fiestas, a muchas cenas, a muchas entregas de premios, necesitan muchas camisas, muchas chaquetas, muchas faldas y pantalones, muchos zapatos. Se les ha subido la fama a la cabeza y no pueden ponerse dos días seguidos el mismo traje. Hay sustantivos sencillos, que van a cuerpo, pero a la mayoría les gusta llevar encima un adjetivo. Cada sustantivo tiene a su disposición un número incalculable de adjetivos. A veces son útiles, no digo que no. Si digo que quiero doce huevos, gracias al adjetivo «doce» me llevo una docena y no cinco o seis o los que sean. Del mismo modo que hay diferentes clases de frases, hay diferentes clases de adjetivos. Están los calificativos, que nombran alguna cualidad del sustantivo (bondadoso, cotilla, agresivo, maduro...), y los determinativos, que concretan la situación del sustantivo en el mundo. Si yo digo «mi mesa», no nombro ninguna cualidad de la mesa, pero estoy señalando que no es la tuya ni la de aquel ni la de todos, sino la mía. «Mi» es entonces un adjetivo determinativo. Si digo «siete sillas», estoy diciendo que no eran una ni dos ni siete ni quince ni veinte. Eran siete. Estamos hablando de un adjetivo numeral. Ahora bien, el adjetivo tiene que ser flexible para adaptarse al género y al número del sustantivo al que viste. No se puede decir «bocadillos buena», porque «bocadillos» es de género masculino y de número plural. Hay que decir «bocadillos buenos». Cuando un adjetivo no tiene esa capacidad de adaptarse a las necesidades del sustantivo al que acompaña, es mejor arrojarlo al retrete y tirar de la cadena.

12

Tumbado boca arriba en el diván de la consulta de su psicoanalista, con las manos cruzadas sobre el pecho, Millás observa el mapa del país imaginario. A medida que lo estudia, sesión tras sesión, le va pareciendo más realista y más complejo. Reúne las condiciones de un mapa físico y de un mapa político. Así, las irregularidades de la pintura, un poco abombada, dibujan las cordilleras y las depresiones, delimitan las llanuras y señalan los ríos del territorio, que parece fértil a juzgar por unas viejas manchas de humedad que representan la masa forestal. De otro lado, se aprecian también las carreteras, las vías de ferrocarril y las líneas fronterizas que parecen separar unos departamentos administrativos de otros.

—Es increíble —dice— lo del mapa falso que tiene usted ahí, en el techo. Cada día me parece más verosímil.

—¿Verosímil? —pregunta la psicoterapeuta—. ¿Qué quiere decir?

—Quiero decir que tiene apariencia de verdadero.

La verosimilitud es también una categoría literaria. De una historia decimos que es verosímil cuando resulta creíble, con independencia de que se acerque o se aleje de la realidad.

—¿La realidad no actúa como parámetro?

—Qué va, de hecho la realidad no tiene la obligación de ser verosímil porque cuenta a su favor con el hecho de haber sucedido. La selva amazónica es inverosímil, pero ahí la tiene usted.

Millás dice que no estaba pensando en la selva amazónica, sino en la familia artificial que Emérita había construido involuntariamente en torno a sí misma y en la que él había caído de forma inadvertida. Una familia que, como el mapa del techo, era producto de la tenacidad, del tiempo, del empeño, de la casualidad. Pensó en una bola de billar lanzada a ciegas por una mano firme contra cualquiera de las bandas de la mesa. Imaginó los movimientos erráticos de la bola sobre el tablero, modificando la posición de las otras bolas y desviando el curso propio hasta que, perdido el impulso inicial, se detenía. Le contó la imagen a la psicoanalista, para añadir:

—Diríamos que la bola se ha movido al azar. Pero un matemático que conociera los datos del primer impulso (velocidad, fuerza, dirección, estado del tablero...), un matemático que hubiera presenciado el golpe fundacional, podría deducir seguramente toda la geometría resultante.

—Seguramente —aceptó la psicoanalista detrás de él.

—¿Cuál fue el golpe inicial que puso en marcha la narrativa en la que he caído? ¿Qué o quién hizo el primer movimiento que me condujo a la casa de Emérita, la misma casa en la que viví de estudiante, para coincidir con todos los que ahora nos reunimos en ella?: Julia, esa chica medio loca; el cura Camilo; Carlos Lobón, el de DMD; Serafín, el marido...

—¿Qué tiene más importancia de cara a sus intereses, quién puso en marcha la maquinaria o si el resultado es tan verosímil como el mapa del techo?

—Si pretendo escribir una novela falsa que podamos vender como verdadera, preferiría que la realidad me ayudara un poco. A veces, la realidad produce novelas de manera espontánea.

—¿Y no le está ayudando?

—No mucho, creo que no mucho. Yo había puesto toda mi atención novelesca en Julia, relegando el asunto de Emérita a la categoría de un reportaje periodístico. Y ahora, de súbito, advierto que en Emérita podría haber otra novela, vaya a saber si también en Carlos Lobón, si en Camilo, si en el mismo Serafín. He sido muy insensible con esta Emérita, muy salvaje al actuar con ella de oficio. Hablando de oficio, mi padre era partidario de que sus hijos tuvieran un oficio y una carrera. Había heredado esta idea de su propio padre, mi abuelo, al que no conocí. Decía que si uno era zapatero y médico o abogado y electricista o albañil y filósofo, tendría más posibilidades de salir adelante, cualesquiera que fueran las circunstancias de la vida. Aunque mis hermanos y yo solíamos comentar irónicamente esta manía, creo que yo, finalmente, me plegué a ella.

—¿De qué modo?

—Bueno, soy periodista y escritor. Digamos que el periodismo sería el oficio y la novela, la carrera.

—¿Lo vive usted así?

—A veces sí, no siempre, no lo tengo muy claro. El Millás de allá no opina lo del de acá. Cuando me preguntan sobre este asunto, suelo decir que no hay frontera entre una cosa y otra, pero con frecuencia la hay. A Emérita me había enfrentado como el que se enfrenta a un reportaje, mientras que a Julia me acerqué como el que se acerca a una novela.

—¿Qué diferencia habría entre una cosa y otra?

—En el reportaje los materiales vienen de fuera. No tienes otra responsabilidad que la de articularlos. En la novela vienen de dentro, todo lo que viene de dentro es peligroso.

—¿Todo lo que viene de dentro es ilegal?

—No volvamos a eso.

—En todo caso, ¿Julia viene de dentro?

—Viene de fuera, pero evoca algo que está dentro.

—¿Y ahora las dos cosas, el oficio y la carrera, lo de dentro y lo de fuera, se están confundiendo?

—Un poco, sí. Ya llevaban tiempo confundiéndose.

—¿Qué pasa con los dos Millás?

—También el de acá se ha confundido con el de allá. El de allá ha desaparecido como alucinación, pero ha desaparecido dentro del de acá, podríamos decir que se ha diluido en él como la sal en el guiso, cambiando su sabor.

—Todo está confundido, el oficio con la carrera, la novela con el reportaje, el Millás de acá con el Millás de allá... ¿Hay más?

—Quizá sí. Creo que he perdido la distancia entre el narrador y el personaje, tal vez entre el narrador y el escritor. Se han mezclado también.

—Explíqueme eso.

—Bueno, por decirlo rápido, y como usted seguramente sabe, el narrador y el escritor son instancias distintas. El narrador representa el lugar desde el que se cuenta una historia y encarna el punto de vista de esa historia. No se debe confundir con el escritor ni siquiera en el caso de la autobiografía, donde aparentemente las dos voces deberían coincidir. Cuando apareció el Millás de allá, pensé que él podría encarnar la voz narrativa, mientras que el de acá representaría al personaje. Y aún habría un tercer Millás: el firmante de la novela. Al haberse diluido el Millás de allá en el de acá, todas las voces están ahora enredadas. Nunca sé quién habla, ni quién actúa, ni quién firma.

—Y a todo ello —añade la psicoanalista— habría que agregar el problema de lo legal y lo ilegal. La novela verdadera es ilegal; la falsa, no. Pero por el modo en que se manifiesta hoy, da la impresión de que la falsa podría devenir en verdadera.

—He de insistir en que lo de la ilegalidad de la novela verdadera lo dijo usted.

—A partir de una comparación suya de la heroína con la metadona.

—Dígame, ¿qué puede haber de ilegal en una novela?

—Usted ha escrito algunas, debería saberlo.

Millás calla perdiéndose en el mapa falso, aunque verosímil, dibujado en el techo. Durante unos minutos, terapeuta y paciente permanecen en silencio. Finalmente, rompe el fuego Millás:

—Hay otra cosa —dice—. Me refiero al asunto de Julia, que, como vengo explicándole, creo que está completamente loca.

—Loca, en qué sentido.

—Vamos a ver, no me atrevería a calificarla delante de usted, sería como hablar de leyes delante de un jurista. Pero, por entendernos, digo loca en el sentido de brotada. Como cuando se dice de alguien que ha tenido un brote psicótico.

—Un brote es lo que tuvo aquella chica de su juventud...

—María, sí. Pero incluso antes de tenerlo, daba un poco de miedo. Era un miedo que entonces nos excitaba porque teníamos una idea muy literaria de la locura, qué desastre.

—¿Por qué cree que aquel miedo les producía excitación?

—Porque María hablaba como si fuera el instrumento de otro, no como si estuviera poseída, tampoco es eso, pero como si fuera dueña de una sabiduría que no le pertenecía.

—¿De quién podría ser?

—Quizá del lenguaje.

—¿...?

—A veces, daba miedo mirarla, el miedo del que se asoma a un pozo, a un agujero negro a cuyos bordes debes sujetarte para que no te trague. Como si donde los demás tenemos la personalidad o la identidad, ella tuviera una brecha con una capacidad de succión aterradora. Algo de eso advierto también en Julia.

—Ya —dice la psicoanalista, un «ya» que funciona como un punto de articulación entre una cosa y otra, un gozne que, según Millás, le permite continuar hablando:

—De la locura de Julia lo que me interesa es su cordura. Esas alucinaciones que tiene, o que dice tener con las palabras..., esa necesidad, en apariencia ingenua, por ejemplo, de entender lo que es un sustantivo, un adjetivo... Todo ese modo inocente de acercarse a la lengua para comprenderla es como observar a un niño manipulando una bomba. Tiene uno todo el rato la impresión de que le va a estallar en la cara.

—¿De que le va a estallar la lengua en la cara? ¿Cómo?

—Julia siempre se encuentra al borde, esa es al menos mi impresión, de descubrir que no es más que un instrumento del lenguaje.

—Todos somos sujetos del lenguaje.

—Objetos más bien, si me lo permite. Y lo sabemos, pero lo sabemos de un modo teórico, de un modo que no nos afecta en la vida diaria porque en la vida diaria actuamos como si el lenguaje estuviera a nuestro servicio en vez de nosotros al suyo. Julia, en cambio, podría hacer este descubrimiento de un modo que informara cada minuto de su existencia, descubrirlo de un modo real y por lo tanto enloquecedor. Porque si entiendes en lo profundo eso, que estás colonizado por la lengua, hablar y escribir, y pensar por tanto, constituyen formas de sumisión diabólicas.

—Usted habla como si lo hubiera entendido en ese nivel y sin embargo no está loco.

—Es que no lo he entendido en ese nivel, no lo he entendido en ese grado. De ser así, no sería un puto servidor del lenguaje, sería su enemigo. Cuando se entiende lo que le estoy diciendo con la profundidad que trato de transmitirle, el lenguaje se da cuenta de que le has descubierto y te vuelve loco para que tu descubrimiento no tenga efecto alguno en la gramática. Mire, el lenguaje me está escuchando ahora, en estos momentos, siempre está a la escucha, pero no me fulmina con un rayo porque sabe que no soy peligroso para él. ¿Por qué? Porque en el fondo no entiendo lo que digo. Y de eso se trata. Julia, en cambio, se acerca a las palabras como el que maneja sin guantes ni mascarilla protectora un bote de ácido. Y las palabras se dan cuenta de que está a punto de descubrir que ellas son nuestras dueñas. Las palabras te hacen conservador o revolucionario o terapeuta o paciente o ingeniero de caminos, pero cuando no pueden hacer nada de eso contigo, cuando agotan el catálogo, que es extensísimo, y no entras en ninguna categoría por las razones que sean, porque eres un ángel, por ejemplo, entonces, te vuelven loco. Te pasan al otro lado, al lado donde dejamos de escucharlas porque le lengua dice que allí, en ese espacio, no hay sentido. Todo esto significa que los locos saben de las palabras, y de la gramática y de la lengua cosas que nosotros ignoramos. Y esas cosas que nosotros ignoramos y que Julia sabe, aunque quizá no sepa que las sabe, son las que me interesan de ella porque representan su lado cuerdo y el lado cuerdo del mundo, si el mundo tiene un lado cuerdo. No sé si he logrado explicarme.

—¿Dice usted que Julia es un ángel?

—Ella lo cree al menos.

—¿Y usted?

—¿Sinceramente?

—Claro.

—Sinceramente, yo también. Pero no me pida que le explique qué es un ángel.

—No se lo pediré.

—Otra cosa acerca de las palabras: ellas son las responsables de la ecuación que usted intenta que yo formule por mí mismo desde hace tiempo.

—¿Qué ecuación es esa?

—Escribir es igual a placer. Escribir una novela es igual a un placer intensísimo. Placer intensísimo es igual a incesto.

—Lo ha dicho usted.

—No, lo han dicho las palabras; yo soy su objeto.

—Tenemos que terminar por hoy —dice la psicoanalista.

DEL *DIARIO DE LA VEJEZ* DE MILLÁS

Todavía a vueltas con la colonoscopia. Llama el doctor Luzón. Los análisis de sangre y orina previos, dice, están bien. Si decido seguir adelante, se los enviará al especialista para que me dé hora.

—¿Es urgente? —pregunto alarmado.

—No —dice él—, fue idea tuya. Pero ya comentamos que estás en la edad.

De súbito, me parece que se han invertido los términos. Ahora él tiene más prisa que yo. Esta facilidad mía para contagiar el miedo...

—Prefiero pensármelo —digo.

—Como quieras, pero ya te he explicado que es un método poco invasivo y que se hace con sedación. Ni te enteras.

¿Poco invasivo?, me pregunto tras colgar el teléfono, ¿llama poco invasivo al hecho de que te metan por el culo un ojo mecánico sujeto al extremo de un tubo flexible que recorre tus vísceras hasta alcanzar los lugares más secretos? ¿No hay algo de violación legal en todo eso?

La idea me seduce por eso, por lo que tiene de violación controlada, y sujeta a normas, de un espacio sagrado, pero, en esa misma medida, me provoca un espanto de carácter supersticioso. Es como hacer la autopsia antes del óbito. Por la tarde, en el diván, saco a relucir el asunto en la terapia:

—Sigo con dudas respecto a la colonoscopia.

—¿Por miedo a que le descubran algo? —dice ella.

—O a que no me lo descubran —digo yo—. Pertenezco a esa clase de gilipollas cuyo miedo, cuando se sube al avión, es que no se estrelle.

—¿Cómo si necesitara enmascarar su muerte detrás de una desgracia en la que también mueren otros?

—Es un modo de verlo.

—Usted, todo por lo legal. La novela legal, la droga legal, la colonoscopia legal y, ahora, la muerte legal.

—La colonoscopia —digo yo algo crispado—, pese a su legalidad, tiene algo de trasgresión.

—Ya.

—No se puede entrar ahí alegremente.

—¿Es que pensaba usted hacerlo alegremente?

—En alguna medida, sí. Creo que hubo en la decisión un punto de frivolidad. Si todo el mundo lo hace, me dije, ¿por qué yo no?

—¿Fue una frivolidad también retomar el análisis después de veinte años?

—Ya que lo dice, quizá sí. En los dos casos se trata de llegar a lugares inaccesibles a través de grietas abiertas en la personalidad o en la carne.

—¿Podríamos decir que ha descubierto los peligros de la terapia gracias al miedo que le produce la colonoscopia, como si esta fuera la metáfora de aquella?

—No sé, lo cierto es que también usted está empezando a darme por el culo.

13

—¿Por qué se dice «condujo» en vez de «condu-ció»? —pregunta Julia a Millás.

—Porque el verbo «conducir» es irregular.

—Eso es como decir que porque sí.

Millás conduce su coche con Julia en el asiento del copiloto. Van a encontrarse con Roberto, el filólogo y novio de la chica, en una cafetería del centro.

—Para mi padre —continúa Julia— todo era porque sí. La gente nacía porque sí y se moría porque sí y las guerras estallaban porque sí y el hambre en el mundo era porque sí y las desgracias siempre venían juntas porque sí. ¿A ti te parece una buena explicación?

—No es mala —apunta Millás con prudencia.

—Para mí, en cambio, todo era porque no. Mi madre nos llamaba el señor Porquesí y la señorita Porquenó. Hizo un guion para la tele con dos personajes que se llamaban así, pero se lo devolvieron porque parecía una copia de Epi y Blas, je, je.

Dice Millás que la chica había incorporado desde

hacía poco a sus frases el «je, je», que a veces era «ja, ja», y a veces las dos expresiones juntas, «je, je, ja, ja».

—¿Por qué dices «je, je» o «ja, ja» en vez de reírte como todo el mundo? —pregunta Millás.

—Prefiero reírme como se escribe —responde ella—, aunque ya sé que se pronuncia de otro modo. Si fuera gallo, diría «quiquiriquí», y si fuera gato diría «miau». Si fuera pistola, al ser disparada, diría «bum», je, je, bum, bum, estás muerto.

—Háblame de tu padre —dice entonces Millás, pues hasta el momento no tiene más que datos sueltos de la chica y esa no es su forma de trabajar cuando prepara un reportaje, tampoco cuando prepara una novela. Ha decidido que va a afrontar cada tramo de la novela falsa como un reportaje verdadero.

—Mi padre era pintor. Bueno, no era pintor, tenía pintura como otros tienen autismo. Se lo escuché a una señora en la radio el otro día. Decía, corrigiendo a la locutora, que su hijo no *era* autista, sino que *tenía* autismo. ¿Ves la diferencia?

—Creo que sí —dice Millás.

—Pues mi padre tenía pintura.

—¿Y qué pintaba?

—Lo que la pintura le mandaba pintar: bodegones, naturalezas muertas, paisajes...

—¿Él, por sí mismo, no tenía una inclinación pictórica?

—No. Si le preguntabas por qué pintaba esas cosas decía que porque sí. Mi madre juraba que si hubiera pintado porque no, habría sido un pintor excelente. ¿Tú escribes porque sí o porque no?

—La verdad, no me lo había planteado.

—¿Pero eres escritor o tienes escritura?

—Es que no sé si he entendido bien la diferencia.

—Pues antes me has dicho que sí.

—Bueno, lo he dicho por decir, el tráfico este de los cojones no me deja pensar.

Dice Millás que exageraba las dificultades circulatorias para no mostrar el desconcierto que le provocaban el diálogo con la chica. Temía perderla si decía algo muy alejado de su lógica.

—Si lo has dicho por decir, es que no eres escritor, sino que tienes escritura, je, je. A ver, ¿tú escribes lo que quiere la escritura o lo que quieres tú?

—Yo..., bueno, no sé, intento pactar con la escritura para que no sea ni lo que ella quiere ni lo que quiero yo. Una cosa intermedia, ¿comprendes?

—Yo es que no leo nada, bueno, libros de gramática y de aprendizaje del español para extranjeros, pero a mi novio le gusta mucho lo que escribes.

—Ya.

—Es un gilipollas, je, je, ja, ja.

—¿Y eso?

—Ya te lo dije: salió en una conversación que te conocía y no se lo cree, le parece mentira que una persona como yo pueda relacionarse con gente como tú. Lo salva que es filólogo. Él sí sabe por qué se dice «condujo» y no «conducíó», me lo explicó un día. Por cierto, ¿tú sabes lo que es una conjugación heteróclita?

—Me suena, pero ahora no caigo.

—Del verbo «ir», por ejemplo, tú dices «voy», o sea

que es irregular de la hostia, desde la raíz misma. ¿En qué se parece «ir» a «voy»? En nada. Esta rareza también se llama «supletismo». Son verbos que tienen más de una raíz, como esos huevos que tienen dos yemas. O varias personalidades. El pasado del verbo «ser», por ejemplo, ¿cómo se dice?: «fui», a ver cómo adivina uno que «ser» y «fui» vienen del mismo sitio. Se parecen lo que un lunes a un viernes.

—Y «fui» es también el pasado de «ir». De «ser» y de «ir».

—Además eso, no había caído, de modo que te encuentras un «fui» suelto y no sabes si viene de aquí o de allá, como algunas personas.

Millás decide lanzar una pregunta arriesgada:

—Me dijiste que ibas a matarlo, a Roberto, por lo de que estaba casado y tenía un niño.

—Y lo iba a matar, pero resulta que luego leí una cosa sobre el sentido figurado, que es una desviación del literal. ¿Conoces esa diferencia o te la tengo que explicar, je, je, como lo del supletismo?

—El sentido literal y el figurado, no; sé lo que son.

—¿Y tú entendiste que lo iba a matar en el sentido literal?

—Bueno, me pareció que lo decías en ese sentido.

—Yo también, je, je, pero luego tropecé con el sentido figurado y pensé que a lo mejor lo había dicho por decir. Vete a saber.

—¿Y si no hubieras tropezado con esa lección lo habrías matado?

—Si lo decían las palabras...

—¿Tú haces mucho caso a las palabras?

—Qué remedio, como mi padre a la pintura, solo que la pintura habla más claro, me parece.

Millás piensa que desde el punto de vista de sus intereses habría sido mejor que Julia hubiera interpretado el «te voy a matar» en su sentido literal. Están entrando en un parquin en el que todos los pisos se encuentran llenos, de manera que Millás baja y baja, como si descendiera a los infiernos, y a medida que desciende calcula las toneladas de cemento que van quedando por encima de su coche y siente un poco de claustrofobia, no demasiada, pero la suficiente como para que se manifiesten en su rostro unas gotas de sudor. Entonces Julia acerca su mano, armada con un pañuelo de papel, para quitárselas, y él, asustado, retira la cara bruscamente golpeándose la cabeza contra el borde de la ventanilla.

—¿Qué haces? —dice deteniendo el coche en medio de la rampa, llevándose la mano a la parte dolorida.

—Te iba a limpiar el sudor, como las enfermeras a los cirujanos.

—Ah, perdona.

Roberto está esperándolos al fondo de la cafetería. Es, a primera vista, lo que suele describirse como un tipo jovial. Al ver a Millás, se levanta y le estrecha la mano con enorme respeto.

—No me podía creer que fueras amigo de Julia —dice.

—¿Y eso? —pregunta Millás.

—No sé, Julia...

Parece evidente que va a hacer un comentario despectivo sobre la chica, pero se detiene a tiempo.

—Somos muy amigos —dice Millás—. Estoy preparando un reportaje sobre ella.

—¿Un reportaje sobre Julia? —pregunta Roberto entre el desconcierto evidente y la envidia mal disimulada.

—Me gusta escribir sobre la gente normal —insiste Millás para marcar distancias—, gente que va y viene de trabajar, gente que se queda en el paro, que ha de buscar una habitación para vivir, que se enamora de quien no le conviene o se desenamora de quien le vendría bien, en fin, gente como la mayoría de la gente.

Julia permanece absorta en la carta de tapas, como si no escuchara la conversación, de la que ella es el centro, entre los dos hombres.

—Bueno —dice Roberto—, si te viene bien acercarte a la pescadería donde ha trabajado hasta hace poco, para ver el ambiente, puedo arreglarlo. ¿Te ha dicho que yo fui su jefe?

Según Millás, Roberto se ha dado cuenta de la falta de empatía que se ha establecido entre ambos, pero se muere por aparecer en el reportaje, de modo que extrema su amabilidad. Es él quien se ocupa de que les sirvan las tapas que ha elegido Julia mientras ellos hablaban, él quien se levanta en un par de ocasiones para advertir al camarero de que falta esto o lo otro, él quien dirige la conversación.

—Yo no he leído ningún libro tuyo —dice—, me gustan más tus artículos. Quienes te admiran mucho son mi madre y mi hermana. Gustas mucho a las mujeres, ¿verdad?

—A las mujeres y a los buzos —dice Millás.

—¿A los buzos?

—Sí, hay escuelas de buceo en las que son de lectura obligatoria.

Roberto da muestras de desconcierto, no logra averiguar si Millás habla en serio o en broma. Cuando Julia se va un momento al servicio, acerca su rostro al del escritor, con expresión de complicidad, y le dice que si lo saca en el reportaje no puede decir que Julia y él son novios, porque él está casado, tiene una familia.

—Puedes decir que he sido su jefe.

—Vale —dice Millás—. ¿Y por qué estás con Julia?

—¿Por qué no? —dice él—. Me hace gracia y folla raro.

—Raro cómo.

—Como habla. También como un pájaro grande.

—¿Habla como un pájaro grande?

—No, no, que folla como un pájaro grande.

—¿Has follado alguna vez con un pájaro grande?

—No, pero me lo imagino.

—Pues a mí me parece muy normal —dice Millás con expresión neutral.

—Por eso eres escritor —concluye Roberto—, porque las cosas raras te parecen normales y las normales, raras.

Julia vuelve de los lavabos y dice que están que dan asco y que se tienen que ir porque ha quedado con Serafín para meditar juntos una hora. Roberto hace intención de pagar, pero Millás lo desautoriza con un gesto.

—Se lo cargas todo al periódico, ¿no? —dice Roberto guiñándole un ojo.

—A lo mejor —dice Millás.

—Oye, si quieres que me saquen alguna foto en la pescadería, avísame con tiempo.

—De acuerdo, adiós.

Ya en el coche, Julia pregunta a Millás qué le ha parecido su novio.

—Creo —dice Millás— que no es filólogo. Tiene filología.

—¡Qué cabrón eres! —dice Julia—. Lo voy a dejar, de hecho acabo de dejarlo, aunque no se lo he dicho.

—¿Y eso?

—¿Es que no te has dado cuenta?

—¿De qué? —pregunta Millás volviendo la cabeza.

—De que es un enviado de la Lengua. Un agente secreto de la gramática.

—Según eso, yo, que soy escritor...

—Tú no eres un agente secreto de la Lengua, tú eres una de sus víctimas.

Millás conduce en silencio, impresionado por las revelaciones de la chica. En esto, al atravesar Modesto Lafuente, muy cerca, por cierto, de la consulta de su psicoanalista, Julia dice:

—Párate aquí un momento.

Millás detiene el coche en doble fila, sin afectar a la circulación, que es escasa.

—Mira, ¿ves esa tienda de chinos?

—Sí.

—Pues es de mi padrastro, el marido de mi madre. Tiene otras tres, pero le gusta estar en esta.

Ya es de noche, de modo que la tienda está iluminada por dentro. A través del escaparate se ve a un chino alto y delgado moviéndose entre los pasillos formados por las estanterías con un cuaderno y un bolígrafo entre las manos, como si realizara un inventario.

—Mi madre lo conoció gracias a mí —dice Julia—. ¿Te conté lo del chino que me perseguía de pequeña y de cómo me lo encontré en la primera tienda de chinos de mi barrio y de cómo cuando volví con mi madre ya no era él?

—Sí.

—Pues era este, pero con otra cara. Cambió de cara cuando conoció a mi madre. Es como la conjugación heteróclita. El infinitivo es «ir»; el presente, «voy»; el pasado, «fui». Puede cambiar de aspecto a su gusto.

—¿Son felices tu madre y él?

—Más que felices, son cómplices de algo.

—Cómplices de qué.

—No sé de qué, pero traman algo. Eso no lo anotes, por si acaso.

Millás observa el rostro de Julia y le da miedo porque es el rostro de una loca. Entonces se dice que todo aquello es un disparate. Mientras se lo dice, siente el desdoblamiento que sintió en el diván de la psicoanalista y aparece el Millás de allá, cuya presencia, pese a ser invisible e intangible, resulta sin embargo palmaria. El Millás de allá se coloca entre el Millás de acá y Julia, que realiza en ese instante un movimiento corporal de ajuste, como si le estuviera haciendo sitio a alguien. Con el paso del tiempo, dice Millás, había descubierto que a la manifestación del Millás de allá le precedía siempre un sabor raro en la boca al Millás de acá, como si le cambiara de súbito la composición de la saliva. Le recuerda al sabor de unas barras de regaliz que compraba a veces (cuando lograba sisarle a su madre unos céntimos) de pequeño, al salir del colegio, en un puesto de chucherías que había cerca de su casa. El Millás de allá y el de acá continúan sin poder comunicarse, no se hablan; pese a ello, el de allá logra de algún modo misterioso transmitir su opinión y su opinión es que el Millás de acá es un gilipollas si deja pasar esta oportunidad. Haz lo que quieras, un reportaje, una novela falsa o una verdadera, haz un guion de cine o una obra de teatro, haz lo que te dé la gana con todo este material, pero no lo dejes pasar porque quizá sea el último material interesante que pase por tu vida. El último, como el último autobús, el último tren, la última copa de vino, la última tormenta, el último polvo, el último poema, la última bala, el último suspiro.

La presencia del Millás de allá dura unos segundos, en el caso de que, en el transcurso de estas manifestaciones, el tiempo siguiera su curso normal, que quizá no, quizá el tiempo se detenía o se doblaba o se arrugaba, dice Millás que no habría sabido describir lo que ocurría con el tiempo, aunque algo ligeramente anormal ocurría con él. Pero bueno, desde la lógica convencional lo más rápido era decir que duraba unos segundos y ya está. Después de esos segundos, el Millás de allá vuelve a entrar en el cuerpo del Millás de acá diluyéndose en sus órganos, perdiéndose entre las junturas de sus vísceras, devolviéndole a su saliva el sabor habitual.

—¿Por qué no entramos y me lo presentas? —propone Millás.

—¿Al chino? Ni hablar —dice Julia—, vámonos, ya te he dicho que he quedado con Serafín para meditar.

Millás pone en marcha el coche y pregunta a Julia cómo meditan.

—El que medita bien es Serafín, yo estoy aprendiendo y no consigo dejar la mente en silencio. Mi mente está llena de ruido todo el rato, sabes. Cuando medito, las personas imaginarias aprovechan para visitarme y no logro echarlas de la cabeza.

—¿Pero cuál es el objetivo de la meditación?

—Según Serafín, mi maestro, ninguno. No puedes sentarte a meditar con un fin determinado, pero yo creo que en eso miente. El fin de la meditación es la conquista del silencio. El silencio es el único fenómeno de este mundo que carece de gramática. No hay una sintaxis del silencio ni una morfología del silencio. El silencio no es un cuerpo, no está dividido en partes que se articulan como las partes de un cuerpo o de un razonamiento. Si logras conquistar el silencio, las palabras dejan de ser tus dueñas. Pero yo estoy muy lejos de lograrlo. ¿Te acuerdas del cartero analfabeto que te conté?

—No —miente Millás para escuchar de nuevo la historia.

—Es un cartero imaginario que no sabe leer y que pasa por mi cabeza casi todos los días para que le lea las direcciones de los sobres. Él las memoriza y se va a repartirlas. Pues el otro día, estaba meditando y apareció y empezó a sacar sobres de la cartera y yo se los iba leyendo como siempre, cuando en esto saca un sobre un poco más grande de lo normal, como los de las invitaciones para las bodas, de ese tipo, y a quién crees que iba dirigido.

—Ni idea.

—Pues a mí. Allí venía mi nombre, mi dirección, el piso, todo, je, je. Desde entonces miro todos los días el buzón, ja, ja, estaría bueno que me llegara.

Dice Millás que no pareciéndole prudente insistir en ese asunto, pregunta dónde suele meditar con Serafín.

—Normalmente, en su dormitorio, sobre un par de esterillas y frente a un vaso de agua, pero también nos gusta la cocina.

—¿Por qué un vaso de agua?

—Eso es cosa de Serafín, pero creo que tiene que ver con el silencio. Si durante la meditación logras convertirte en un recipiente de agua, y nuestro cuerpo es eso, un vaso lleno de agua, si consigues no pensar, las palabras no pueden nada contra ti. Los libros de Lengua tienen pánico a la meditación. Busca en internet «gramática de la meditación» y no encontrarás nada.

14

En el siguiente encuentro con Emérita, Millás trata de disculpar su frialdad anterior.

—Déjalo —interviene ella—, vas a acabar diciendo que era un modo de defenderte.

Y sí, dice Millás que sí, que el objeto de la coraza de frialdad era protegerse de los sentimientos, una explicación que se le ocurre a cualquiera, por lo que quizá, piensa, no fuera una idea suya, sino del guion o, lo que viene a ser lo mismo, del lenguaje.

—Bien —responde al fin decidido a abandonar los lugares comunes de la autocompasión y la piedad, que evidentemente no funcionan, ya no, con Emérita—, bien, vayamos al grano. No he sido bueno.

—Lo peor es que ni siquiera has sido práctico.

Millás piensa en las energías invertidas en este reportaje o en esta novela, no sabe lo que es, y considera con fastidio la posibilidad de que Emérita se le escape ahora, cuando comienza a descubrirla. Millás es muy mezquino en estas situaciones, muy miserable, daría un dedo de la mano izquierda (el pequeño, se dice, comenzando ya a negociar imaginariamente) por una buena historia. Y esta empieza a serlo. ¿Qué tiene el lenguaje previsto para estas situaciones?, se pregunta. La sinceridad, se responde, o su apariencia, pues tanto la real como la falsa funcionan con idéntica eficacia.

—De acuerdo —dice—, no he sido bueno ni práctico. ¿Podemos, pese a ello, continuar hablando?

—Podemos —responde Emérita con un matiz de resignación.

—El otro día, justo antes de que te durmieras, me dijiste que si hubiera otra vida y alguien te preguntara en qué consistía esta, le darías la respuesta de un turista.

—Excepto si me lo preguntara alguien con la sensibilidad y la capacidad de escucha que se le suponen a un escritor.

—Otórgame provisionalmente esas capacidades. Supongamos que has llegado a la otra vida y que yo estoy allí y que nos encontramos y que te pregunto en qué consiste esta.

—Bueno, te diría que se trata de un paquete turístico barato, aunque muy bien organizado, de modo que donde el contrato te garantiza que vas a dormir en un hotel de dos estrellas con cucarachas, duermes en un hotel de dos estrellas con cucarachas. Todo muy insignificante, desde luego, tanto si te toca lo bueno como si te toca lo malo. A mí, al final, me ha tocado lo malo.

—No me parece —corrigió Millás— que tu relación con la enfermedad sea precisamente de carácter turístico.

—En el fondo, sí, desengáñate. Desde fuera mi situación parece muy especial, muy dramática, también lo parece desde dentro, te lo juro, pero el drama es una forma de turismo, y de las más asequibles para la clase media. ¿En qué época del año estamos?

—En primavera.

—Las orugas están a punto de encerrarse en un capullo dentro del que pierden la estructura anterior y adquieren la del insecto adulto, la de la mariposa. Si te fijas en todo el proceso con detenimiento, como lo vi yo en un documental de la tele después de un chute de morfina, se te ponen los pelos de punta. Ahí sí que aparecen cosas que no están incluidas en el paquete turístico. No sabemos cuántas larvas se malogran, cuántas se quedan dentro del capullo para siempre, cuántas mariposas nacen con malformaciones. ¿Lo sabías? Hay mariposas minusválidas, mariposas que salen con una pata de menos o con el orificio del ano obturado, hay mariposas a las que a lo mejor les falta un ojo. En las pequeñas ni lo aprecias, pero una discapacidad de este tipo en una mariposa del tamaño de una rata, como algunas de las tropicales, da que pensar.

Millás, con su cuaderno de periodista en la mano izquierda y el bolígrafo en la derecha, toma notas. Ha conectado también la grabadora del iPhone, pero siempre toma notas, por seguridad y porque es un buen recurso para desviar la vista, cuando conviene, del entrevistado. Y mientras escribe e imagina una mariposa tuerta o coja, viene también a su cabeza la imagen de Julia como un ángel mal formado, un ángel sin alas, feo, como si algo hubiera fallado en la fase de pupa. Por otro lado, el cuerpo de la misma Emérita ha adquirido con los años de reposo obligado algo de oruga, de gusano, algo de larva. Ese encogimiento permanente, esa blancura escamada de la piel...

—Por eso digo —continúa la enferma— que incluso mi situación, con lo dramática que parece, es un grano de arena en la playa. Te puedes imaginar que llevo años dándole vueltas a estas cosas. Los días y las noches son muy largos y las ideas van y vuelven y siempre vuelven con algo nuevo, con algo que se les queda pegado a las patas, como el polen a las abejas. Las ideas, tal y como me atacan a mí, no forman parte del paquete turístico, tampoco están incluidas en la gira, pero en los grupos turísticos siempre hay alguien un poco raro, alguien que nadie se explica qué hace allí y que molesta mucho a los guías, pues aunque no abra la boca, parece que están poniendo en cuestión todo el rato lo que estos dicen sobre las pinturas del Greco o de Velázquez. Son gente molesta. Yo soy molesta, todos los enfermos crónicos lo somos. Soy la turista rara, la que ha tenido tiempo para pensar, para observar más allá de lo que dicen las guías. ¿Y qué he visto?

—¿Qué has visto? —pregunta Millás convencido de que va a escuchar una respuesta interesante.

—Ja, ja —se ríe Emérita al ver su expresión—, te voy a decepcionar tanto que casi no te lo digo.

—No, ¿por qué?

—Porque sí, porque es decepcionante.

—Bueno, déjame que lo decida yo.

—Está bien, he visto el amor.

La jodimos, se dice el Millás de acá. Espera un

poco, dice el de allá, que ahora es un Millás de allá artificial, pues funciona solo a efectos metodológicos.

—¿El amor? —replica al fin en tono neutro—. Me dijiste que te habías casado por casarte.

—Yo sí, yo me casé un poco porque sí, pero Serafín se casó conmigo porque no. ¿Te ha contado Julia lo del señor Porquesí y la señorita Porquenó?

—Sí.

—¿Comprendes la diferencia?

—Mm, más o menos.

—Por cierto, hablando de Julia, ¿qué pasa con ella?

—No sé, ¿qué pasa?

Emérita mira a Millás con expresión de no me hagas esforzarme.

—Bueno —continúa Millás acusando la recepción del mensaje—, me recuerda a una chica que conocí de joven en esta misma casa.

—¿He oído bien?

—Aquí, sí, esta casa era de los padres de un compañero de la facultad que vivían fuera de Madrid, y la compartíamos con él.

—¿Un matrimonio de Zamora?

—Sí.

—A ellos se la compraron mis padres, joder, qué casualidad. A veces no hay más que seguir la línea de puntos para llegar a destino.

—El caso es que esa chica, María, se volvió loca, se marchó a su pueblo y no volví a saber nada de ella. El día que vine a conocerte, a la impresión de entrar en el mismo piso de entonces se sumó la de tropezarme con Julia, que me la recuerda bastante.

—Si sigues la línea de puntos, igual descubres que Julia es hija de la tal María.

—Eso sería demasiado novelesco, y en el peor de los sentidos. Las coincidencias son callejones sin salida, se detienen siempre en un punto, como el culo de un saco, no van a ningún sitio.

—A menos que hagas un agujero en el saco.

—Creo que no hay nada al otro lado.

—Quizá no —sonríe Emérita—, pero esta chiflada de Julia está dándonos mucho juego a todos. Serafín se ha enamorado de ella.

—¿...?

—No en el sentido que piensas. Quiero decir que se ha hecho cargo de la chica por amor, hay algo en ella que le conmueve hasta el tuétano. Quizá le recuerde a nuestra hija, no sé, de hecho le deja que se ponga sus vestidos. Pero creo que va más allá. Yo a veces finjo confundirla con nuestra hija porque sé que a Serafín le gusta, cree que es un consuelo para mí en estos últimos días y yo le sigo la corriente para devolverle algo de lo que le debo.

—¿A ti no te conmueve Julia?

—No como a vosotros. Soy una porquesí nata, hay que serlo para montar una ferretería. La gente aficionada a las herramientas, como los fanáticos del bricolaje, son gente porquesí. Serafín, en cambio, es completamente porquenó. Los porquenó tienen una amputación afectiva que suplen a base de amor, el amor es la prótesis más espectacular inventada por el ser humano. Serafín ha cubierto su amputación queriéndome. Yo no he visto el amor en mí, lo he visto en los demás, y te aseguro que observado desde fuera, con la curiosidad de un..., ¿cómo se llaman estos de los insectos?

—Entomólogos.

—... de un entomólogo; si observas el amor así, con lupa, incluso al microscopio, te juro que se trata de un mecanismo perfecto y sólido, como el acero inoxidable. El amor tiene la precisión de una balanza de laboratorio. No hay herramienta tan exacta como él.

—Pero si has necesitado verlo en los demás, la amputada serías tú.

—Olvídate de los razonamientos. Yo no estaba amputada porque el amor no formaba parte de mi proyecto mental como no formaba parte de mi constitución física un tercer brazo. Nuestra hija es también una porquesí sin fisuras, por eso apenas sabemos nada de ella, de modo que mi pobre marido, rodeado de porquesíes, cuanto más amor daba, menos recibía. Esa es la condición de los porquenó. Y bien, Serafín es hombre de pocas palabras, ya lo habrás notado, jamás me dijo «te quiero». Afortunadamente, pues no habría sabido qué contestarle. Me quiso hasta en eso, hasta en darse cuenta de lo que yo podía escuchar y lo que no. Si te soy sincera, siempre fui consciente de ese amor como eres consciente de un bulto que tienes, no sé, en las ingles, pero fue al caer enferma cuando el bulto se me reveló en toda su plenitud, cuando lo tomé en mis manos y lo abrí como una esfera y contemplé con fascinación todas sus partes. ¿Estoy siendo muy cursi?

—Todavía no —dijo Millás, calculando que era lo que Emérita quería escuchar—, pero te acercas.

—Voy allá: fue como si se hubiera abierto en mi

vida una puerta de cuya existencia ni tenía noticia. Y detrás de esa puerta estaba ese pobre tipo, mi marido, dispuesto a cargar conmigo, a sacarme de la cama para colocarme dos horas en la silla de ruedas y volverme a acostar, estaba ese pobre tipo que, cuando yo aún podía colaborar un poco, me llevaba al retrete y después a la trona y que me limpiaba el culo, y que me bañaba mientras era posible, y que ahora me limpia todo el cuerpo con toallas húmedas empapadas en esto o en lo otro, ungüentos que busca no sé dónde para que la piel me dure más, para que no se agriete, para evitar las llagas. El tipo que escuchaba a los médicos y que me escuchaba a mí y que tomaba, sin apenas hablar, decisiones que solo podían estar dictadas por el amor. El tipo que buscó al cura que me provee, a buen precio, de marihuana. El pobre tipo que cuando le dije que no podía más, que me quería ir, fue a DMD y habló con ellos y les contó mi caso e hizo que Carlos Lobón viniera a casa y que se sentara ahí para que yo pudiera hablar con él tranquilamente de la muerte. Yo no habría hecho por Serafín ni la mitad de lo que él ha hecho por mí, porque yo no dispongo de esa capacidad para el amor como no dispongo de un tercer brazo. Pero es admirable, créeme, lo que es capaz de hacer con ese tercer brazo que llamamos amor la gente que lo tiene.

—¿Mover montañas?

—Dilo como quieras. En todo caso, no encontrarás el amor en los circuitos habituales de este viaje turístico que decíamos que era la vida. Tienes que separarte del grupo, con el riesgo de perderte en algún callejón. El amor es un callejón. ¿Tú estás enamorado de tu mujer?

A Millás le incomoda esta incursión en su vida personal, aunque comprende que, si Emérita le pide algo a cambio de lo que le está dando, tiene que dárselo.

—No es que esté enamorado o deje de estarlo, es que sé que ella es mi destino.

—Desde luego a los escritores, si os dejan hablar, no os cuelgan. Pues bien, yo he sido el destino de Serafín.

—Pero Serafín no era el tuyo.

—Yo no tenía destino, yo era ferretera.

Millás suelta una carcajada.

—Me recuerda —dice— el diálogo de aquella película: «¿Has estado alguna vez enamorado?» «No, *sheriff*, yo he sido siempre camarero.»

—*Pasión de los fuertes*.

—Sí.

Emérita y Millás se quedan callados, cada uno pensando en sus cosas. Luego Millás se levanta y cambia de postura el cuerpo de Emérita, desnudo como siempre debajo de la cama. La intimidad no le produce a él la aprensión del principio ni a ella el pudor de entonces.

—Llama a Serafín para que me dé un poco de crema en la espalda —dice ella.

—Ya te la doy yo —dice Millás.

—Si no te importa...

Millás vuelve a manipular el cuerpo de la enferma para colocarla boca abajo, retira un poco la sábana, toma de un bote una porción de crema y comienza a aplicarla sobre su piel. Los dos siguen en silencio. Dice Millás que le viene a la memoria *El banquete*, el diálogo de Platón en el que una serie de comensales hablan de Eros. Cuando le llega el turno a Sócrates, el filósofo afirma que Eros no es bueno ni bello porque en tal caso no aspiraría a la bondad ni a la belleza. No se desea lo que ya se posee. De ahí deduce que Eros no puede ser un dios, puesto que los dioses son bellos y buenos. Pero tampoco puede ser un hombre. Eros, concluye Sócrates, es un daimon que hace de puente entre los dioses y los hombres, que pone en contacto lo invisible con lo visible.

—¿Qué piensas? —dice Emérita.

Millás le resume *El banquete* y lo que en él se dice sobre el amor.

—Sócrates —dice Emérita— debió de hacer poco turismo. Es el de la cicuta, ¿no?

—Sí —dice Millás.

—La cicuta de entonces era como el cóctel de autoliberación de ahora.

—Bueno, no sé.

Ha transcurrido casi una hora durante la que Emérita ha permanecido dormida sin que Millás se moviera de su lado, absorto, dice, en pensamientos enormemente volátiles, como los valores de la bolsa. En un momento determinado, Serafín ha abierto la puerta y ha asomado la cabeza para ver la situación.

—¿Está bien? —pregunta señalando a Emérita.

—Sí, se ha dormido.

—Si no te importa, Julia y yo vamos a meditar un rato.

—No te apures, no tengo prisa.

Emérita despierta de súbito, un poco agitada. Millás la acomoda de nuevo e incorporándola le ofrece un suero que ella toma despacio, como con miedo a atragantarse, a través de una pajita que se articula como un codo. Luego permanecen mirándose unos instantes, calibrando cada uno la actitud del otro, su sinceridad tal vez, su entrega.

—Me dijiste que en un momento dado ocurrió entre Serafín y tú algo. Y no era que hubiera otra mujer.

—No, era que no estaba yo. En realidad, nunca tuve mucha presencia, pero acabé de irme al poco de que naciera nuestra hija, no por ella, sino por un suceso que me arrancó de mi condición de turista de la existencia para siempre jamás. He dudado mucho si contártelo o no, pero al fin voy a hacerlo. ¿Sabes por qué?

—¿Por qué?

—Porque necesito que alguien herede ese suceso y no he encontrado a nadie mejor que tú. ¿Quién hay en casa?

—Serafín y Julia. Están meditando.

—¿Llevan mucho tiempo?

—No, un rato.

—Pues vamos allá. Levántame un poco la cama y prepárame una pipa de maría, por favor.

Millás, inquieto, hace cuanto le pide Emérita y luego, cuando va a sentarse a su lado, ella le dice:

—No te sientes aún. Abre el armario, el lado izquierdo, y agáchate para ver ahí, donde están los zapatos.

Millás abre el armario, que es casi como abrir un cuerpo, pues de su interior escapa enseguida un olor ligeramente agrio, de ropa que ha visitado poco el tinte. La experiencia resulta casi como oler el cuerpo de alguien. Ahí permanece la Emérita de antes de la enfermedad, con toda su ropa archivada y clasificada, más que colgada, por colores y tamaños. Millás desvía la mirada para no parecer indiscreto, y se agacha hasta dar con la zona de los zapatos, ordenados, como la ropa, de acuerdo a unos criterios que en este caso no acaba de entender. La mayoría, muy gastados, evocan la piel antigua de un reptil que hubiera hecho la muda. Y conservan también un porcentaje de la identidad de su dueña.

—A la izquierda, si te fijas, hay un hueco bastante profundo. Mete el brazo hasta que des con una caja de zapatos.

Millás se agacha todavía más e introduce, no sin reservas, el brazo. Tras superar diversos obstáculos que dificultan el acceso, logra llevar su mano hasta el fondo de esa especie de pozo horizontal donde sus dedos, tanteando en la oscuridad, tropiezan con la caja.

—Aquí está —dice incorporándose al tiempo que se lleva una mano a los riñones, para amortiguar el dolor lumbar que le ha producido la postura.

—Cierra el armario y ven aquí, a mi lado.

Millás se sienta junto a Emérita y abre, por indicaciones de la enferma, la caja de zapatos. Dentro, aparece un envoltorio de tela, que tiene algo de sudario, en cuyo interior se percibe un objeto duro que, una vez a la luz, resulta ser un revólver.

—¡Hostias! —dice Millás sosteniéndolo con aprensión como si sangrara.

—Mira —dice Emérita—, la maría me está dando sueño. Además, estoy agotada. Hoy hemos hablado demasiado. Llévate el revólver, guárdalo bien, sin hacer tonterías, que está cargado, y mañana, si vienes, te acabo de contar la historia. Antes de irte, deja la caja de zapatos donde estaba y cierra bien el armario.

—Mañana no puedo venir, y pasado creo que tampoco —dice un Millás cobarde, atrapado en sus rutinas como en una cárcel.

—Pues cuando vengas, no te apures, no me voy a quitar de en medio todavía, no hasta que arreglemos este asunto.

Dicho esto, Emérita cierra los ojos y se hunde de inmediato en un sueño profundo acompañado de una respiración ronca, que recuerda al estertor característico de la agonía. Millás, todavía desconcertado y temeroso, se mete el revólver en el bolsillo de la chaqueta y devuelve la caja de zapatos, con el sudario dentro, a su lugar. Al moverse, nota el peso del arma, que desplaza el faldón de la prenda de un lado a otro.

Dice que de repente el bolsillo no le parece un lugar seguro. Se trata de una chaqueta ligera y el bulto llama demasiado la atención. Además, quizá se pueda disparar, ignora si tiene seguro y, de tenerlo, si está puesto. Lo saca y lo sostiene en la mano, por la culata. Pesa más de lo que haría sospechar su tamaño, pero se trata de un peso que proporciona placer. Dice Millás que le recuerda a un revólver de juguete que tuvo de pequeño, aunque aquel, según le oyó a su padre, era de calamina. Este es de acero o hierro, no sabe de qué, y tiene también el cañón mucho más corto.

Entonces, escucha movimiento en el pasillo y como no puede guardarlo en el bolsillo de los pantalones, pues lleva unos vaqueros algo estrechos, se lo pone, como ha visto en las películas, en la espalda, sujeto por el cinturón y oculto por el faldón de la chaqueta. Se abre la puerta y aparece Serafín.

—¿Cómo va todo?

—Bien, se ha fumado una pipa y se ha quedado frita.

—Gracias por todo, Millás.

—No te apures.

Millás dice que se le ha hecho tarde y abandona la casa sin despedirse de Julia. Baja las escaleras despacio, consciente del bulto de metal de la cintura, al que acerca con frecuencia la mano para cerciorarse de que sigue ahí. Como el que se acaba de descubrir en el paladar un bulto al que lleva continuamente la punta de la lengua. Decide que es de acero, pues le ha venido a la memoria un diálogo cinematográfico en el que, para aludir a una pistola, se nombra este metal. La materia por el objeto, se dice, una metonimia. Al alcanzar la calle, sin embargo, duda entre el hierro y el acero. También se dice hierro: «Pásame el hierro, Joe.»

DEL *DIARIO DE LA VEJEZ* DE MILLÁS

Comida con gente de la profesión, en torno a alguien que acaba de recibir un premio. Todo el mundo se muestra deprimido por la falta de horizonte. Circulan nombres de periodistas conocidos que se han quedado en el paro, se especula sobre los medios que están a punto de cerrar, se formulan los lugares comunes sobre internet y el futuro del papel. A mi lado hay una mujer de unos cuarenta años con la que he coincidido en otras ocasiones, aunque no sé quién es ni para qué medio trabaja. En un momento en el que el resto de los comensales se encuentra enfrascado en una discusión sobre el mundo árabe, ella hace un aparte y me pregunta qué pienso de la amniocentesis. Al observar mi gesto de sorpresa, explica que se trata de un método de diagnóstico prenatal. Le digo que sé lo que es, pero que no tengo opinión. Me informa de que está embarazada, su primer embarazo, de alto riesgo, por la edad. No sé qué decir. Ella pide disculpas y fingimos incorporarnos a la conversación general. Me quedo triste por la mujer. Además, la amniocentesis me ha traído a la memoria la colonoscopia, para la que ya tengo cita. Dicen que el colonoscopio puede tomar muestras de tejido sobre la marcha, para analizar luego su malignidad.

15

Dice Millás que ha dudado si acudir a terapia. Excitado como está con el asunto de la pistola de Emérita, teme caer en la tentación de contárselo a Micaela. Confía, desde luego, en la discreción de la analista y conoce el significado del secreto profesional en este ámbito. No es por eso, dirá, sino por el miedo a que la historia se estropee al compartirla. Jamás debió hablar de Emérita ni de los personajes reunidos en torno a ella.

—Se trata —añade— de un movimiento supersticioso, muy común entre los escritores.

Finalmente, ahí está de nuevo, en el diván, con la mirada clavada en el mapa que una mancha antigua de humedad ha dibujado en el techo. Tras dar las buenas tardes a la analista, ha permanecido en silencio, mordiéndose la lengua. Si hablo, piensa, se me escapará lo de la pistola, y, si se me escapa, me pondré sensato y haré lo que haría cualquier persona con dos dedos de frente: acudir a la policía y entregar el arma, contando su procedencia. Millás alberga hacia la ley un miedo desmedido que suele justificar con la excusa de haber leído a Kafka. Estaría bueno, se dice, que haya logrado llegar hasta aquí sin pasar por la cárcel y que vaya a caer ahora por culpa de una novela falsa, o de un reportaje verdadero, aún no sabe hacia dónde va todo esto. En cuanto al revólver, dice que lo ha escondido en el armario empotrado de su dormitorio, en un hueco muy parecido al del armario de Emérita, dentro de una bota que hace mil años que no utiliza.

—¿No va a decir nada? —pregunta la psicoanalista a sus espaldas.

—Estaba pensando —dice él— en una noticia que escuché ayer en el telediario. Hablaban del rodaje de una película de bajo presupuesto, en Ecuador. Una historia de sicarios en la que habían tenido que utilizar balas de verdad porque las de fogueo eran más caras.

—¿Y?

—Bueno, llama la atención que lo falso cueste más que lo real.

—¿Y qué diferencia habría entre unas balas y otras?

—A efectos de la película, ninguna.

—Pero usted y yo sabemos que las balas de fogueo no matan.

—Bueno, en la noticia decían que ha habido casos en que sí, depende de la distancia a la que te disparen, y de dónde te den.

—Me refería a la regla general.

—Ya —dice Millás, y regresa al silencio para evitar comprometerse.

—Por cierto —añade al fin—, hablando de Ecuador, ¿conoce usted Quito?

—No —dice la terapeuta.

—Pues tiene un casco histórico extraordinario, quizá el más impresionante de América Latina.

—He oído hablar de él.

—Cuando viajo a Latinoamérica y contemplo esos conjuntos de arquitectura colonial, siempre me pregunto lo mismo: ¿cómo lograron los conquistadores reproducir, a miles de quilómetros de su país, una España tan idéntica a aquella de la que habían salido?

—¿Una España falsa? —apunta la psicoanalista.

—Una España falsa —enfatiza Millás— que en algunos casos, como el del casco histórico de Quito, ha sido declarada Patrimonio de la Humanidad.

—No lo sabía —escucha decir a la terapeuta.

—Pues sí, Patrimonio de la Humanidad, fíjese, y es una imitación.

—¿Algo así como recibir un premio de novela verdadera por una novela falsa, quizá como matar a alguien con una bala de fogueo o como colocarse con metadona?

—Quizá —responde Millás—. La falsa España tiene además el valor añadido de que su contemplación produce una extrañeza que no proporciona la verdadera.

—¿Y eso?

—El hecho de que esas edificaciones estuvieran diseñadas por cabezas españolas, aunque construidas por manos indígenas, les proporciona un toque algo siniestro.

—¿Siniestro en qué sentido?

—En el sentido freudiano: aquello que nos resulta simultáneamente familiar y ajeno, cuanto más familiar, más ajeno. Sucede también con el español de allí. Lo reconocemos, pero nos extraña.

—¿Se refiere al idioma? —pregunta ella.

—Claro —dice él—, a qué si no.

—Le entiendo. Creo que le gustaría escribir una novela que el lector reconociera como novela, pero que al mismo tiempo le produjera extrañeza.

—Extrañeza, precisamente, por su condición de novela. ¿Le he hablado del Millás de acá y del Millás de allá?

—Sí, y no hace mucho.

—El Millás de allá, como la España de allá, es idéntico al Millás de acá, pero produce una extrañeza que no provoca el de acá. Estaría bien escribir una novela de allá.

—Quizá —opina la psicoanalista—, ya se haya escrito. No entiendo nada de esto, pero la conocida como literatura del Boom en cierto modo fue eso, ¿no?, la novela de allá.

—Lo decía en un sentido más general —replica Millás con evidente tono de fastidio.

—Perdone, no pretendía estropearle la idea.

Millás se hunde en un silencio rencoroso.

—En todo caso —añade la terapeuta al cabo de unos minutos—, da la impresión de que usted sueña con escribir una novela de allá porque hay algo que le impide escribir una novela de acá.

—No volvamos a eso.

—¿A qué?

—A lo de la famosa ecuación.

—Me estaba acordando de que hace, no sé, tres o cuatro sesiones, me contó usted que su última novela la había escrito prácticamente en hoteles porque en casa no podía trabajar.

—Así es.

—¿Por qué los hoteles le ayudan a desinhibirse?, ¿qué sucede en ellos?

—No sé, se folla —dice Millás un poco agresivo.

—¿Quién folla con quién?

—Todo el mundo con todo el mundo.

—¿...?

—Quería decir que el hotel es el espacio natural del adúltero.

—¿Y de quién se escondería el adúltero? —pregunta Micaela.

—Depende de con quién se acueste.

—¿Y con quién se acuesta?

—Con su amante.

—No se ponga obvio, Millás. ¿Con quién se acuesta el adúltero cuando se acuesta con su amante?

—No sé, dígamelo usted.

—De acuerdo, supongamos que se acuesta, aunque no sea consciente de ello, con su madre. ¿De quién se escondería entonces?

—De su padre, claro.

—¿Por qué alguien —concluye la psicoanalista— solo podría escribir novelas en un hotel? ¿De quién se esconde, con quién folla cuando escribe una novela?

—Me voy.

—¿Perdón?

—Que me voy —repite Millás incorporándose y abandonando violentamente la consulta.

Dice Millás que al alcanzar la calle le asalta un sentimiento de desorientación. Por unos instantes no sabe si deber ir hacia la derecha o la izquierda. Le ocurre a veces en los pasillos de los hoteles. Una vez recompuesta la realidad, decide, antes de meterse en el coche, dar una vuelta a la manzana. Son las cinco y media de la tarde. En condiciones normales, la sesión habría durado hasta las seis menos diez. A las siete debe estar en un colegio mayor, para participar en una mesa redonda sobre literatura y periodismo. Mientras camina, decide que necesita ver inmediatamente a Emérita para que acabe de contarle la historia del revólver, necesita saber en qué se está metiendo. Un poco agitado por la decisión, pues jamás ha faltado a sus compromisos profesionales, se detiene, saca el móvil del bolsillo y busca el número de teléfono de su contacto en el colegio mayor.

—Perdona —dice cuando le contestan—, soy Millás. Verás, me ha surgido de súbito un problema familiar y me resulta completamente imposible acudir hoy a las jornadas de periodismo y literatura.

Su voz, debido a la incomodidad que le produce la mentira, suena angustiada, de modo que el interlocutor, lejos de aludir a su propio daño, se interesa discretamente por el del escritor y le desea que el problema familiar, sea cual sea, se arregle de la mejor manera posible.

Millás guarda el teléfono y continúa caminando con la respiración alterada. En esto, se detiene porque ha visto algo que le resulta familiar. Se trata del escaparate de la tienda de chinos del padrastro de Julia. Entonces, como le ocurre de forma espontánea en algunas ocasiones, sufre lo que él llama un ataque de relevancia, consistente en que un pedazo de la realidad, por banal que resulte objetivamente, adquiere un grado de notabilidad desconcertante. La tienda de chinos atrae, pues, su atención como si en la trastienda de sus ojos hubiera estallado una vena de luz, como si en lugar de una tienda de chinos, dice Millás, fuera la imitación de una tienda de chinos, al modo en que la reproducción de una joya puede resultar más llamativa que el original. Atrapado por esa sugestión, entra en la tienda y da una vuelta por ella observando los objetos expuestos en un estado de enajenación extática que al Millás de acá, pues acaba de sufrir también una disociación, le parece impropio. No obstante, se deja arrastrar y nota que algo de la fascinación de su doble le llega a través de los tabiques que separan a uno de otro. El desdoblamiento dura muy poco, quizá menos de un minuto. Al desaparecer, desaparece también el ataque de relevancia y la realidad recupera la grosería que le es propia. Millás se encuentra en ese instante frente a un conjunto de velas de diversos colores de las que toma una roja y otra azul con las que se dirige a la caja, donde le atiende una mujer occidental que a todas luces, por el parecido que tiene con ella, se trata de la madre de Julia, la esposa del chino.

—Me llevo estas dos velas —dice.

—Dan muy buen olor —informa amablemente la madre de Julia.

—Son para la habitación de una enferma —dice Millás.

—Ah, vaya, espero que no sea nada grave —dice la mujer.

—Una enferma crónica —añade Millás, que suelta frases al azar, como el que arroja los dados sobre el tapete, por si le cae un premio. Se trata de una práctica que lleva a cabo en los taxis, en el autobús a veces y, en fin, cuando tiene la oportunidad de entablar conversación con un extraño. De esa especie de juego de azar surgen en ocasiones diálogos interesantes, de los que toma nota para utilizarlos luego en los cuentos o en los artículos. En el fondo, dice, lo que busca es un diálogo de una perfección platónica, pero aún no ha dado con él.

—¿Un familiar quizá? —pregunta ahora la mujer.

—Una amiga —dice Millás, añadiendo enseguida—: Por cierto, llama la atención que una mujer occidental atienda en un establecimiento de chinos.

—Ja, ja —responde la mujer pronunciando la onomatopeya igual que su hija, como si, más que reírse, se limitara a reproducir los sonidos que imitan la risa—, el chino es mi marido.

—¡Qué bien! —añade Millás tratando de mostrarse partidario del mestizaje—, no es muy normal esta mezcla de culturas. Lo habitual es que los chinos se casen entre sí. Suele decirse que es una comunidad muy cerrada, ¿no?

—Bueno —dice ella envolviendo las velas en un papel de regalo que es en realidad la imitación de un papel de regalo—, mezcla, lo que se dice mezcla, no hay, ja, ja, porque mi marido apenas habla español y yo no hablo chino.

—¿Entonces?

—No sé, misterios de la vida, estamos a gusto. Yo siempre he estado muy marcada por la chinez, no sé si se dice así, chinez. De niña, leía las historietas de Fu Manchú, aunque el personaje me daba mucho miedo. Y a mi hija, de pequeña, la perseguía un chino, algo así como el amigo invisible, pero en chino. Ella cree que aquel chino es con el que me casé luego. Eso ha dificultado un poco nuestra relación.

La mujer entrega el paquete a Millás y permanece observándolo, absorta, más tiempo del apropiado. Millás dice que se estremece porque reconoce en esa mirada la de la locura. Una mujer loca. La mujer loca. Mujer loca. La expresión «mujer loca» le inquieta y le gusta a la vez, como si, más que un sintagma, fuera un cofre cerrado en cuyo interior se ocultara un mensaje.

Ya en el coche, dirigiéndose a la casa de Serafín y Emérita, tiene por un momento la impresión de encontrarse en el interior de una novela policiaca, aunque ignora en calidad de qué. Hubo una época de su vida en la que frecuentó mucho, como lector, este género, de modo que conoce sus características.

Cuando le abren la puerta, percibe enseguida una agitación desusada en la casa de Emérita. Hay en el pasillo dos hombres con chalecos reflectantes, de los que usan los sanitarios del 112. Hablan con Serafín, dándole instrucciones acerca de algo. En el salón, donde permanecen Julia y el cura Camilo, averigua que Emérita ha sufrido una crisis pulmonar, un broncoespasmo, y ha sido preciso aplicarle oxígeno y broncodilatadores. Millás se sienta, saca el móvil, y busca en internet la palabra «broncoespasmo». Según la Wikipedia, se trata de un estrechamiento de la luz bronquial. Fascinado por la expresión «luz bronquial», detiene ahí la lectura. El ataque, le dicen, ha sido moderado y no requiere el traslado al hospital. Cuando los sanitarios desaparecen, Serafín acude al salón e informa de que la enferma, superada la crisis, ha caído, rendida, en un sueño de plomo.

—¿Puedo verla? —pregunta.

—Asómate si quieres —dice Serafín.

Millás se acerca a la habitación, abre la puerta y ve a Emérita boca arriba, los brazos desnudos fuera de la sábana, con una mascarilla que tapa su nariz y su boca. En efecto, está profundamente dormida, de modo que regresa enseguida al salón, a cuya mesa camilla Serafín y el cura Camilo, con expresión de circunstancias, se disponen a jugar una partida de ajedrez.

—¿Habéis avisado a Carlos Lobón? —pregunta Millás.

—Está fuera de Madrid —dice el cura Camilo.

Julia se encuentra en el sofá, leyendo el cuaderno escolar de vacaciones al que parece atada en los últimos tiempos. Cuando Millás se sienta junto a ella, le dice que hay en el libro un ejercicio consistente en reflexionar sobre el «hecho gramatical».

—Interesante —dice Millás.

—Pero expresado así, «hecho gramatical», suena como a suceso, ¿no?, como si el hecho gramatical fuera un accidente de coche, un incendio, no sé, un crimen.

Millás trata de pensar a qué otras palabras suele asociarse el término «hecho». Le vienen a la cabeza «hecho criminal», «hecho abominable», «hecho accidental», «hecho intolerable», «hecho llamativo», «hecho delictivo»...

—Llevas razón, suena a suceso.

—Lo mejor no es eso, lo mejor es que me pongo a investigar en internet sobre el hecho gramatical, para ver qué escribo, y averiguo que las primeras gramáticas, sin excepción, son muy tardías.

—¿Tardías en relación con qué?

—En relación con el hecho de hablar y de escribir.

—¿Y?

—Está claro, hombre, el lenguaje consiguió pasar inadvertido durante siglos, como si no existiera, para que no lo viéramos, al modo en el que los peces no ven el agua.

—No sé —dice Millás inquieto.

—Todavía más, la lingüística no aparece hasta el siglo XIX. Ayer mismo, como el que dice.

—Ya.

—¿Te imaginas que no hubiéramos reparado en la existencia del elefante, por hablar de un animal enorme, hasta el siglo pasado? ¿O que nadie hubiera mencionado el hígado hasta el siglo XV, que es cuando apareció la primera gramática española?

—Bueno, ya antes había habido algunas cosas.

—¿Pero tú por qué te pones siempre del lado del lenguaje, Millás? —dice Julia irritada—. ¿No te das cuenta de la gravedad de lo que he averiguado?

—¿Qué gravedad?

—Pues esa, joder, que primero no nos damos cuenta de que el lenguaje existe y, segundo, que cuando nos damos cuenta lo confundimos con una herramienta. La herramienta somos nosotros.

—Herramienta en qué sentido.

—Joder, en el sentido de que el lenguaje no está en nuestra mano, sino nosotros en la suya. Y nos usa para apretar o aflojar los tornillos de la realidad, para cortar los cables del mundo, para serrar las cañerías del universo. ¿Pero cómo es posible que no te des cuenta?

Julia habla en voz baja, lanzando miradas de inquietud al pasillo, como si tuviera en cuenta el sueño de Emérita. Se trata de una voz baja pero llena de furia, que a Millás, dice, le estremece. En esto, Serafín, que ha advertido la tensión reinante en la zona del sofá, dice sin dejar de mirar el tablero de ajedrez:

—Julia, ¿por qué no te tomas uno de esos ansiolíticos?

—¿Por qué? —pregunta ella.

—Porque es lo que dicen las palabras, que te lo tomes. Y medita un rato en mi cuarto, anda, luego te acompaño yo.

Julia, como si hubiera recibido órdenes de una instancia superior, se levanta y desaparece en dirección a su dormitorio. Serafín vuelve el rostro y dirige a Millás una expresión ambigua.

—Le altera lo de Emérita —apunta—. Esta mañana ha visto a una oración copulativa follando con una adversativa, eso dice, pobre.

—Si la frase era copulativa, tiene cierta lógica —dice Millás intentando hacer una gracia que ni Serafín ni el cura Camilo dan la impresión de captar.

16

Recuperada de la crisis respiratoria, Emérita decide acelerar su suicidio, que ha programado para el sábado siguiente por la noche (así, dice en un presunto golpe de humor, se ahorra un domingo por la tarde). Hoy es jueves y Millás ha logrado quedarse a solas con ella (Serafín ha salido a comprar, Julia está en su habitación leyendo un libro de japonés para extranjeros en el que aparecen frases como «me han atracado a punta de cuchillo» (*osoware mashita naifu de odosaremashita*), y ni Carlos Lobón ni el cura Camilo han aparecido esta tarde).

—¿Qué has hecho con el revólver? —pregunta Emérita, que en apenas cuarenta y ocho horas, debido al broncoespasmo, ha sufrido un deterioro visible.

—Lo he escondido.

La palabra «revólver» evoca en Millás el peso del arma así como el tacto frío y duro de la culata. También recuerda la intimidad que se estableció enseguida entre el arma y su mano, como si aquella hubiera sido diseñada para esta.

La evocación es tan aguda que las terminaciones nerviosas de sus dedos reproducen las sensaciones de entonces. Por un momento, tiene la impresión de que alguien hubiera colocado sobre su mano un revólver invisible en torno al cual cierra instintivamente los dedos.

—No olvides que es la herencia de alguien que, por casualidad, hizo algo raro en la vida, algo que no haría un turista.

—¿Vas a contarme qué fue?

—A ver si tengo fuerzas. Levántame un poco más la cama, que tumbada respiro peor.

Millás le sube la cama, Emérita toma un par de bocanadas de oxígeno de la mascarilla que cuelga a su lado y comienza a hablar:

—Sitúate en una noche de invierno de hace treinta o cuarenta años, hasta hace poco llevaba la fecha exacta grabada aquí, en la frente, como la marca de una ganadería, pero todo se va borrando, Millás, las fechas, los recuerdos, los nombres, los números de teléfono, las calles, los portales de las calles... Tengo el tiempo completamente roto, todo lo que sucedió hace más de una semana parece que sucedió hace un siglo, y al revés. Sitúate en una noche de invierno. Llueve desde hace tres o cuatro días, ya estamos hechos a la lluvia como a los gemidos de un enfermo en la habitación de al lado. Frío y agua, mucho frío y mucha agua, ¿te haces una idea?

—Me la hago —confirma Millás.

—Yo soy esa mujer que camina bajo un paraguas negro, desde la plaza de España, Gran Vía arriba, hacia Callao. Fíjate bien en esa mujer porquesí que acaba de acostarse, en la habitación de un hotel de mala muerte, un hotel de putas, con el encargado de la ferretería de la que ella es propietaria. El encargado es un tipo porquesí también, una mala persona, que se aprovecha de los flancos débiles de la propietaria. Han discutido, han cortado, ella le ha despedido a él en la cama, imagínate, un despido laboral en una cama, porque él no se decide a abandonar a su mujer para montar un imperio ferretero con Emérita, yo, que estoy en ese momento difícil en el que he de tomar la decisión de abrir otra tienda o resignarme a no crecer. Con mi marido no puedo contar porque es un tipo porquenó que trabaja en una agencia de viajes en la que es feliz buscando la ruta más barata para dar la vuelta al mundo parando en hoteles de tres estrellas. Y no hay otra persona en la que confíe más que en mi amante, con quien un día o dos por semana, al cerrar el negocio, me encuentro en un hotel del centro en cuya recepción no te piden el carné de identidad ni el libro de familia. A lo largo de la discusión que acabamos de tener, él me ha llamado boba, boba, boba, es un insulto que soporto mal porque era lo peor que le podía llamar a nadie mi padre. Ese es bobo, decía, con un desprecio enorme, dejando caer así la comisura de los labios. Ah, qué boba, me ha dicho varias veces, te imaginabas que por ser la dueña de la ferretería eras la dueña de mi vida. ¡Boba!

Nos estamos comportando como un par de porquenoes, entonces no disponía aún de esta palabra, ni siquiera de una palabra alternativa. Y es que no hay porquesíes puros ni porquenoes perfectos. Resulta que en todo porquesí hay un porquenó y al revés, y en esos instantes nos ha salido a los dos el porquenó que llevamos dentro, el porquenó de asalariado mezquino a él y la porquenó de jefa de mierda a mí. El caso es que no nos entendemos. Él ha quemado sin querer la sábana revuelta, la sábana sucia, mojada, mojada porque suelta unas cantidades de semen increíbles, la ha quemado, digo, con la colilla de un cigarrillo. Y yo le digo que estoy hasta los cojones de pagarle un sueldo y de pagarle el hotel y de pagarle ahora la sábana que acaba de quemar. Y él me dice que le da igual, que la pague y que me la lleve y que la guarde para que me la pongan de sudario cuando me muera.

—Un sudario sucio, como el que te mereces, boba, boba, boba, un sudario lleno de quemaduras, como el borde del mostrador de la ferretería, donde la gente apoya sus cigarrillos mientras cuenta las tuercas con unos dedos callosos de uñas ennegrecidas.

Y es verdad, tenemos las uñas negras, uñas de luto, decimos nosotros de broma, es la marca de nuestro trabajo, nos parece normal hasta que este hombre que te digo me hace caer en ello, de modo que cierro las manos para esconder las uñas y escucho como si estuviera buceando en una piscina y me hablaran desde afuera que soy una boba, una boba, fíjate, dónde escucharía ese insulto por primera vez para que me duela de esa forma.

Emérita descansa y toma aire de la mascarilla. Millás aprovecha para comprobar que la grabadora del iPhone sigue en marcha.

—Ahora voy —dice entre bocanada y bocanada, como si estuviera tomando carrerilla ante un Millás perplejo por este giro que está dando la historia de Emérita, que seguramente es el giro que da la vida de cualquiera, incluso la historia universal, cuando acercas la lupa y te pierdes en los detalles.

—Ahora —repite— yo soy esa mujer que camina bajo el paraguas, esa mujer a la que todavía le duelen las ingles debido a las penetraciones salvajes de que ha sido objeto esa tarde por parte del empleado al que acaba de despedir. Yo soy esa mujer, fíjate bien en ella, asómbrate porque no tienes ni idea de lo que va diciéndose a sí misma, ¿verdad que no?

—Verdad —afirma Millás.

—Pues bien, lo que se dice con una furia rara en una porquesí es que va a escribir una novela, se entiende que una novela policiaca, que son las únicas que lee, va a escribir una novela policiaca como el que dispara en defensa propia, como el que, fuera de sí, y con la eximente de la ira acumulada, mata a alguien que lleva años acosándolo, chantajeándolo, abusando de su superioridad. Excitada como se encuentra por la novela policiaca que va a escribir, ambientada en la trastienda de una ferretería, y pese a que la lluvia arrecia, decide pasar de largo primero por la boca del metro de Callao, que es donde suele tomar el metro tras sus encuentros adúlteros, y luego por la de Gran Vía. Ha decidido caminar cinco o seis manzanas más para liberar la tensión mental y física de la que es víctima, no quiere llegar a casa en ese estado. Todavía se repite en su cabeza la imagen de él, del hombre con el que venía acostándose, la imagen de él en calzoncillos y camiseta de tirantes, de pie, en medio de la habitación, con el cigarrillo entre los dedos, moviendo los labios en la articulación de las dos sílabas que forman la palabra «boba». Tomaré el metro en Chueca, o en Alonso Martínez, se dice acelerando el paso, como si de ese modo esquivara la lluvia, o como si se apresurara a una cita a la que llega tarde, aunque a lo único que puede llegar tarde es a la novela policiaca que debería haber empezado antes de que las cosas alcanzaran este punto. La manía de retrasar las cosas, dice. Pero entonces, a esa mujer que soy yo, Emérita, le faltaban la rabia, el odio, la cólera que cree necesarias para escribir novelas policiacas. Hasta ahora solo ha dispuesto del rencor suficiente para leerlas y las ha leído a cientos porque hay en el crimen algo que calma su ansiedad crónica, su desazón diaria, que le compensa de la mediocridad de su matrimonio, de la ansiedad y la desazón que constituyen a esa porquesí desde que tiene memoria. Aunque apenas son las nueve, es noche cerrada porque nos encontramos en el corazón del invierno, apenas han pasado las fiestas navideñas, de las que todavía quedan restos en el alumbrado municipal y en las ventanas artificialmente escarchadas de algunos edificios. Era enero, claro, enero y noche cerrada y llueve y hace frío en el corazón de esta mujer, Millás, que en vez de seguir el camino directo que la conduciría al metro de Chueca o de Alonso Martínez, se desvía por los callejones de la vieja ciudad que salen a su encuentro, y por esos callejones que parecen grietas siente que está regresando a su vida, una vida que abandonó en un tiempo remoto atraída por las luces de las avenidas principales. He vuelto a mi vida, me digo, de la que no debí salir, he vuelto a la novela policiaca que me impuse escribir, que le den por el culo a la ferretería, a los empleados, a todos y cada uno de los clientes... Y a medida que Emérita, yo, avanza en medio de la lluvia y el frío, en medio de la noche, le invade una euforia corporal inaudita, quimérica, es una máquina de acero, una mujer indestructible, un organismo de una perfección extraordinaria. Es la autora de una novela policiaca.

De súbito, en uno de los callejones oscuros por los que se ha extraviado, se materializa frente a ella un individuo mayor, un viejo, con un revólver en la mano. Instintivamente, Emérita coloca en alto la mano izquierda, que es la que tiene libre, porque con la otra sujeta el paraguas, lo que provoca la ira del viejo.

—Baja la mano, gilipollas, esto no es un atraco —dice arrastrándola hasta el fondo de un solar formado por la desaparición de una casa antigua, cuya fachada sin embargo permanece apuntalada para construir detrás de ella el nuevo edificio de viviendas.

—¿Qué es entonces? —pregunta Emérita tratando de hacer tiempo.

—Un crimen —responde el viejo ofreciéndole la pistola—, toma, mátame.

La mujer que iba a escribir una novela de crímenes retira la mano hacia la que el otro le tiende el arma. Pese a ser de noche y encontrarse en el interior de un solar protegido por la fachada del edificio desaparecido, distingue en la cara del viejo los signos de desesperación, quizá de desvarío mental, pues los ha visto mil veces no sabe dónde, quizá en la suya. Unos segundos antes, ella misma era víctima de una agitación sombría, iba hablando y gesticulando sola, bajo el aguacero, inmersa en el frío como un pez en el agua. El viejo loco lleva una gabardina completamente empapada, cuyos bordes mantiene unidos con la mano izquierda, como si careciera de botones. El agua de la lluvia brilla sobre su mata de pelo, que parece un borrón, antes de descender por su rostro en dirección al cuello.

—¡Vamos, coño —insiste tendiendo a Emérita la pistola—, que se hace tarde y mira la que está cayendo!

—¿Pero cómo que le mate? —articula Emérita mirando a uno y otro lado, calculando las posibilidades que tiene de salir corriendo.

—A ver, cómo te llamas —dice el viejo en tono conciliador, como dispuesto a negociar.

—Emérita —dice ella.

—Vale, Emérita, te estoy pidiendo un favor de ser humano a ser humano. Hazte cargo, no puedo esperar un día más, un minuto más. Toma el revólver y dispara de una vez.

Emérita escucha el ruido de la lluvia sobre su paraguas, como si alguien pateara en el piso de arriba.

—¿Pretendes que te mate porque llueve? —acierta a decir.

—Porque llueve no, boba, porque tengo problemas que solo soluciona la muerte.

—No insultes —dice Emérita, que ha registrado ese «boba» despreciativo salido de la boca del viejo.

—Es que pareces una boba ahí, parada, con el paraguas, mientras yo me empapo. ¿Quieres que coja una pulmonía? En el tiempo que llevamos hablando me podías haber matado siete veces. Nadie lo sabrá nunca, no tenemos ninguna relación, no nos conocemos de nada. Me matas, me dejas aquí tirado y santas pascuas. Quizá pases un poco de miedo durante los primeros tres o cuatro días, es normal, pero a medida que transcurra el tiempo y compruebes que no sucede nada te invadirá una sensación increíble de poder. La idea de haber sido capaz de matar a alguien, de cometer un crimen perfecto, te hará fuerte. Nadie nunca te parecerá superior a ti. Acabarás disfrutándolo, créeme, boba.

—Te he dicho que no insultes.

—Seguiré llamándote boba hasta que me pegues un tiro, boba. Venga, el disparo hace el mismo ruido que un petardo, lo apagará el tole tole del agua en los tejados y la lluvia, de aquí a mañana, borrará cualquier otro rastro que pudieras dejar. Además, este solar lo pisan cien obreros cada día. Ahora no hay nadie. No descubrirán mi cadáver hasta que amanezca. Te estoy ofreciendo una oportunidad única para no pasar por la vida como una turista. Tendrás, si me matas, un secreto realmente importante. Muchos pagarían por matar a alguien en estas condiciones, boba, boba, boba.

Dice Emérita que sin que el miedo hubiera abandonado su cuerpo, se manifestó junto a él, quizá gracias a los insultos, una ráfaga de insolencia.

—¿Por qué no te pegas tú mismo un tiro en la cabeza, viejo cabrón?

—No importa por qué no me lo hago yo, boba. Estamos hablando de ti, de la sensación de poder que este disparo te va a proporcionar, del modo en que te va a cambiar la vida. Solo a una boba rematada habría que explicárselo mil veces.

Entonces Emérita toma el revólver y amenaza al viejo apuntándole al pecho.

—Vuelve a llamarme boba y verás.

—Boba, imbécil, gilipollas, subnormal, simple, zopenca, berzotas, mentecata, alcornoque —recita el viejo abriéndose la gabardina y señalando con el índice el lugar al que debe apuntar, que coincide justo con el lugar del corazón.

La escena, dice Emérita, había comenzado a discurrir a cámara lenta. Cada segundo duraba una eternidad. Mejor aún: cada segundo, en vez de constituir una unidad de tiempo, se había convertido en una unidad de espacio. Emérita podía entrar en los segundos como en una habitación y pasearse por ellos tomando notas de todos sus detalles. Sus sentidos se habían agudizado tanto que eran capaces de percibir, junto a los elementos centrales de la escena, los detalles más insignificantes de su periferia. Así, vio, más allá de la fachada apuntalada, una ventana alta y pequeña, quizá de un cuarto de baño, con la luz encendida. Vio, en la pared que había dejado al descubierto la casa derribada, y cuyo solar ocupaban, las figuras monstruosas formadas por las manchas de humedad de la lluvia. Vio lo que quizá era una rata, tal vez un gato pequeño, salir de un montón de escombros y diluirse en la oscuridad como un trozo de hielo en el agua hirviendo. Vio con una precisión asombrosa la cortina de agua que caía en ese instante de su paraguas y que se interponía entre ella y el viejo empapado. Pero sobre todo sintió el peso, el volumen y la temperatura del revólver, como si sus dedos, más que palparlo, lo leyeran. En el interior de aquellos segundos habitables pensó que nunca había tenido en sus manos nada con tanto significado como el arma. Al mismo tiempo, supo que iba a apretar el gatillo, supo que se trataba de un hecho consumado, supo que el disparo se había producido ya en alguna dimensión del tiempo o del espacio en la que le era dado verse. Y dice Emérita que le gustaba. Estaba, en fin, en el orden de las cosas que matara a aquel viejo loco como lo estaba en el orden de las cosas que el martes precediera al miércoles y el cinco al seis. De modo que se dirigió al viejo y le pidió que la llamara boba.

—¡Llámame boba!

—¡Boba!

Su dedo apretó entonces el gatillo sorprendiéndose de la resistencia ofrecida por él, como si el revólver no estuviera de acuerdo con la idea de ser disparado. El cuerpo de Emérita registró el impacto provocado por el retroceso, todo ello sin dejar de escuchar el repiqueteo del agua sobre la tela del paraguas. La bala debió de romper el pecho del viejo, que cayó hacia atrás con los brazos abiertos.

Dice Emérita que huyó de la escena del crimen a toda prisa, sosteniendo el paraguas en la mano izquierda y el revólver en la derecha. La idea era arrojarlo por una alcantarilla, pero no lo arrojó a ninguna porque se encontraba, dice, como en el interior de un sueño que sabes que es un sueño, pero en el que te guardas algo en el bolsillo para comprobar al despertar si continúa allí. El revólver, cuando llegó a casa, continuaba allí. Allí continuaba también Serafín, preparando la cena para la niña. Al verla entrar preguntó, alarmado, qué ocurría. Nada, respondió Emérita, y era un nada definitivo, un nada para siempre, para toda la vida, y de este modo lo entendió Serafín, que jamás intentó averiguar qué fue lo que produjo en su mujer un cambio de carácter que, sin alejarla de él, pues nunca había estado demasiado cerca, la convirtió para siempre en una extraña.

—Una extraña para él y para mí misma —añade Emérita—, y, en esa medida, una persona deseable, para él desde luego, pero también para mí. El crimen, de entonces acá, se ha banalizado mucho, pero créeme que el hecho de acabar con la vida de alguien te convierte en una extranjera. Aquel disparo, ¡pom!, ya no dejaría de sonar durante el resto de mi vida, todavía suena, a veces me sorprende que los demás no lo oigan. Cada mañana y cada tarde, cada hora de cada día, llueva o no, haga frío o no, se repite dentro de mi cabeza, pom, pom, pom. Y veo la cortina de agua pasar delante de mis ojos desde el borde del paraguas, y el viejo cae hacia atrás con el pecho roto, supongo, porque no le dio tiempo a nada que no fuera caer. Debí de darle aquí justo, en el centro, donde él me señalaba. Y Serafín jamás se refirió a aquella noche, nunca, nunca, nunca, y ahí, en ese no hablar del asunto fue donde descubrí la existencia del amor. ¿No ves, Millás?, eso es amar a alguien, aceptarle por lo que no es capaz de darte, quererle por eso mismo, porque no es capaz de dártelo y tú lo sabes, sabes que jamás te lo dará. Serafín, ¿no te aparece asombroso?, me ha querido por lo que no le he dado. ¿Puedes creértelo?

—Sí —dice Millás, el Millás de acá en realidad, pues el de allá no deja de hacer cálculos mezquinos sobre el interés narrativo de la historia que acaba de escuchar. ¿Dónde encajaría mejor, en un reportaje, en un cuento, en una novela corta? ¿Debería sacarla del contexto y tratarla al modo de una pieza separada, como se hace en algunos sumarios judiciales?

No se trata de una disociación real, no tiene el sabor de los desdoblamientos auténticos, sino el de los metodológicos. Mientras un Millás especula fríamente sobre el valor del material que acaba de caerle en las manos, el otro intenta comprender los hechos en toda su magnitud.

—¿Supiste quién era la víctima?

—Claro, salió en todos los periódicos. Era un abogado bastante conocido porque en su despacho se llevaban cosas de drogas. Dijeron que había sido un ajuste de cuentas y hasta hoy. A todos los que me han cuidado les he hecho un regalo. El tuyo es el revólver y la historia del revólver. Puedes buscar a los hijos del muerto, a sus nietos, no sé, y revelarles cómo fue en realidad todo. Es una novela, te estoy regalando una novela. Mira, no puedo más, ponme tú mismo el oxígeno.

DEL *DIARIO DE LA VEJEZ* DE MILLÁS

Me he desnudado, me he colocado una bata azul, de las de hospital, y estoy sentado en una de esas sillas de enfermería, acolchadas y blancas, detrás de un biombo que me aísla de una sala más grande. En el brazo extendido, una enfermera ha clavado una aguja por la que penetra en mi torrente sanguíneo un sedante muy suave, dice, para quitarme los nervios, los nervios que no tengo. Durante los tres últimos días, además de mantener una dieta muy estricta, he tomado laxantes para facilitar el trabajo del colonoscopio. Le he cogido gusto al ayuno. Me siento un poco por encima de las cosas. He releído con provecho a San Juan de la Cruz.

La enfermera regresa y me conduce a otra sala. Me invita a tumbarme en una camilla.

—Colóquese de medio lado —dice.

Me coloco de medio lado, con el culo más expuesto que un libro abierto por atrás. Entonces llega el médico, se sienta junto a mí, en un taburete, y anuncia que me va a sedar.

—¿Me va a hacer daño? —pregunto.

—No —dice él inyectándome algo en el brazo, con su cara muy cerca de la mía—, va a ser como una despedida de soltero.

Ahora estoy boca arriba, creo que en la misma sala. Me encuentro en paz conmigo mismo. Se asoma la enfermera.

—¿Cómo va eso? —pregunta.

—Bien —digo yo—, creo que ya me está haciendo efecto la anestesia.

—¿Cómo que ya le está haciendo efecto? Ya hemos acabado.

—¿Cómo dice?

—Que ya se ha dormido, ya le hemos hecho la intervención y ahora está despertándose.

Frente a mi gesto de perplejidad se acerca y, como si me confesara un secreto, dice que me han puesto Propofol.

—Es lo que utilizaba Michael Jackson para dormir —añade.

Al rato estoy vestido de nuevo, listo para recibir los resultados, que vienen de la mano del médico.

—Todo bien —dice pasándome un sobre grande.

—¿Y eso? —pregunto yo decepcionado.

—No hay nada.

—¿Ni siquiera un pólipo?

—Ni siquiera un pólipo —responde sorprendido por mi decepción—. ¿Qué esperaba que encontráramos?

Una novela. Eso es lo que esperaba que encontraran en esos lugares tan recónditos y a los que se accede de un modo tan poco respetable.

Vuelvo a casa con la impresión de haberme dejado dar por el culo para nada.

17

—Mañana se suicida Emérita —dice Millás después de tumbarse en el diván, con la mirada clavada en sus zapatos. Los ha limpiado por la mañana, los limpia el día que tiene terapia, como para convertir la limpieza, y la suciedad por tanto, en materia de análisis. Las punteras del calzado brillan como los ojos de un demente en la noche.

Si en la anterior sesión tuvo que contenerse para no hablar de la pistola, en esta ha de hacer esfuerzos para no aludir al crimen cometido por Emérita. Ha dado en internet con un homicidio, cometido en 1979, que encaja como un guante con el descrito por la enferma. Como la terapeuta no hace comentario alguno a la información que acaba de darle sobre el suicidio de Emérita, continúa él:

—Vamos a acompañarla todos, Serafín, el cura Camilo, Carlos Lobón, el de DMD, Julia y yo mismo.

—¿Cree sinceramente que está preparado para asistir a un acto de esa naturaleza? —escucha detrás de él.

—Sí. Bueno, sí y no.

—¿En qué sentido una cosa y otra?

Millás piensa unos instantes.

—Me da miedo y me excita. Me da miedo por lo que tiene de real y me excita por lo que tiene de irreal. Me gustaría que cuando digo que mañana voy a asistir al suicidio de Emérita sonara igual que si dijera que mañana voy a leer el capítulo de *Madame Bovary* en el que Emma se suicida.

—Pero Madame Bovary es el personaje de una novela. Emérita existe.

—Ya —admite Millás—, hay suicidios reales de los que nadie habla y el de Emma Bovary, siendo imaginario, lleva ocupando miles de páginas desde que sucediera. La ficción, a la larga, aguanta más que la realidad. En el corto plazo, en cambio, se impone la realidad.

—Y usted se encuentra en el corto plazo.

—Sí, mañana.

—Y en la realidad.

—También.

—De todos modos, con la alusión a Madame Bovary, parece que volvemos al asunto de la realidad y su copia.

—Bueno, no podemos negar que el suicidio de la Bovary, que es una copia literaria de los de verdad, ha tenido mayor influencia que los miles o millones de suicidios reales sucedidos desde la publicación de la novela.

—Creo que ya hemos hablado de esto. ¿La ficción, siendo la metadona de la realidad, acaba resultando mejor que la heroína?

Hay un silencio prolongado, de carácter reflexivo, que finalmente interrumpe Millás:

—¿Conoce usted esa opción de los procesadores de texto que se llama «copiar y pegar»?

—Sí.

—Pues eso es el mundo, un copia y pega permanente. Usted y yo somos el resultado de eso, de un copia y pega. El casco histórico de Quito, un copia y pega de la España de entonces. Este viernes, un copia y pega del viernes anterior. El mundo se reproduce a sí mismo continuamente por el procedimiento del copia y pega. Usted pretende ahora que yo copie y pegue en el Millás de allá la distinción que hace el Millás de acá entre la ficción y la realidad.

—No pretendía eso.

—«No pretendía eso» es también un copia y pega. Aparece en miles o millones de diálogos, «no pretendía eso».

—Lo cierto —arguye la psicoanalista— es que empezamos siendo seres unicelulares y ya ve usted adónde hemos llegado a base de copiar y pegar. Quiero decir que en cada «copia y pega» sucede algo, bien porque el material sufre en el proceso de traslado alguna modificación, bien porque al cambiar de contexto la copia adquiere un significado del que carecía el original.

Millás y la psicoanalista regresan al silencio. Millás calcula el precio de ese silencio. Tiene que dividir el precio de la sesión entre los cincuenta minutos que dura. A la vez, debe contar mentalmente el tiempo que calla. Se hace un lío.

—Volviendo a Madame Bovary —dice ahora—,

¿por qué no siento el mismo pánico cuando leo una novela ajena que cuando escribo una propia?

—Quizá porque el crimen lo ha cometido otro.

—¿Qué crimen, de qué habla?

—Del crimen de escribir una novela.

—¿Por qué lo asocia con un crimen?

—Es usted quien asocia continuamente la idea de escribir con un crimen. Está claro que necesita una coartada para escribir. Se ha buscado la del trabajo periodístico y eso le funciona. Pero siente nostalgia de la novela que nadie le obliga a escribir, de la escritura que solo se puede practicar por gusto. El problema es que se trata, al parecer, de un gusto ilícito.

—Puede haber otra cosa —dice Millás intentando romper el círculo vicioso.

—Qué otra.

—Que el pánico a escribir provenga del conocimiento de que la lengua es el enemigo.

—¿De dónde entonces vendría el gusto?

—Del hecho de repetir un automatismo. Copiar y pegar.

—Ya —cierra la psicoanalista.

Dice Millás que la sesión funciona a trompicones, como un coche conducido por manos inexpertas. Dice también que no le gusta el rumbo que está tomando el diálogo. Y dice que apenas ha comenzado a reunir el valor preciso para levantarse del diván y abandonar la consulta antes de la hora, cuando interviene la psicoanalista:

—¿Ha pensado alguna vez por qué se llama lengua materna a la original?

—Quizá —responde Millás— porque las primeras palabras que escuchamos proceden de los labios de la madre como la primera leche procede de sus pechos.

—La madre. ¿Manosear la lengua sería, en cierto modo, como manosear a la madre? ¿Como volver a mamar?

—No puedo creer que sea usted tan bruta —explota Millás.

—¿Perdón?

—Tan bruta, sí. Me parece una salvajada lo que ha dicho. En el mejor de los casos, es como si se hubiera comido usted veinte sesiones.

—Usted lo llamaría economía narrativa.

De nuevo el silencio. Cada uno de los silencios de esta sesión, dice Millás, es más productivo que el anterior en el sentido de que señalan el camino de la trampa.

—Lo de la lengua materna —dice al fin Millás— me ha traído a la memoria que mi padre era esperantista. Hace tiempo, después de leer una biografía de Zamenhof, el inventor del esperanto, escribí un artículo sobre ese idioma.

—¿Qué decía usted?

—Lo relacionaba con la nostalgia del idioma único existente antes de la torre de Babel.

—¿El esperanto —dice la psicoanalista— vendría a reparar la herida que se produjo en la torre de Babel, cuando Dios confundió las lenguas de los hombres?

—Quizá sí, aunque con una prótesis imposible, pues se trata de una lengua profundamente antimaterna.

—¿Y?

—Que quizá no prosperó por eso, porque no llevaba incorporada la posibilidad del incesto.

—No sé si es la conclusión adecuada —dice la psicoanalista—, pero lo tenemos que dejar por hoy.

18

Es el sábado del suicidio de Emérita. El sábado del suicidio de Emérita, se repite Millás, perplejo de nombrarlo así, como cuando se dice el sábado de la primera comunión de Fulano o de las bodas de oro de Zutano. Se ha despertado tarde, pues no ha cogido el sueño hasta el amanecer, y su humor oscila entre la concentración extrema y la dispersión mental absoluta. No le ha contado a nadie, excepto a su terapeuta, Micaela, lo que va a ocurrir esa noche en el mismo piso del barrio de la Concepción en el que él, de joven, estrenó la independencia sobre la que se fundaría su fragilidad. A su mujer le ha dicho que la editorial ha organizado en Barcelona un encuentro de escritores que le obligará a hacer noche allí.

—Regresaré el domingo, en el primer puente aéreo de la mañana.

De modo que cuando a media tarde de ese sábado del suicidio de Emérita pide un taxi y abandona el hogar con el maletín que utiliza para estos viajes cortos, estos paréntesis que se parecen tanto a las pequeñas muertes de las que está hecha la vida, casi le pide al taxista que le conduzca al aeropuerto en vez de a donde Emérita. En cierto modo, dice, habría sido mejor largarse a Barcelona, cenar allí con alguien, embotarse de alcohol y de pastillas para el sueño y vivir el suicidio de su semejante a larga distancia, no ya la de los quilómetros que separan una ciudad de otra, sino la de los años que separan su experiencia de juventud en aquel piso y su experiencia de madurez en la misma vivienda, y no solo en la misma vivienda, también en presencia de una loca como Julia que tanto le recuerda a María, la del brote, la del brote psicótico, que se reía de sus poemas, de los poemas de entonces de Millás.

Ahora, en el taxi, le viene a la memoria María, Santa María del Brote Psicótico, le dan ganas de llamarla, para hacer un homenaje a las Marías y a las Julias que le hicieron sospechar del lenguaje, del lenguaje, que parecía su salvación, aunque la paz ansiosa hallada en la escritura, ahora lo comprendía, había sido una forma de conflagración no declarada.

Mientras el taxi avanza por las calles de la ciudad como un borracho por el pasillo de una vivienda laberíntica, sorteando obstáculos, frenando, acelerando, deteniéndose frente a semáforos del alma, Millás piensa que su psicoanalista forma parte, lo sepa o no, de esa conspiración, de la conspiración que le obliga a ver la lengua, su propia lengua, la materna, no como algo a conquistar, qué va, sino como la invasora que ha colonizado su cerebro. El escritor sería, en fin, un tipo que se dedica a manosear a la madre, por eso hay tanto loco entre los poetas, tanto borracho, tanto cocainómano, tanto maldito, tanto pobre hombre. No se puede manosear a la madre con la conciencia entera, resultaría insoportable, de ahí que el escritor se tenga que colocar antes con alguna sustancia, desde las más inocentes (ibuprofenos, paracetamoles, jarabes para la tos con codeína...), hasta las más duras (alcohol, anfetaminas, barbitúricos, coca...). Con ellas se arma de valor para escribir, como si escribir se pareciera a atracar un banco, incluso para leer, como si leer se pareciera a atracar un estanco. Con ellas va del sujeto al complemento directo y del directo al circunstancial, y desde las oraciones principales a las subordinadas, recorriendo así el cuerpo entero de la escritura, descubriéndole los hombros, bajándole las bragas, hurgando en su coño depilado, en su culo oscuro, mordiendo sus pezones, construyendo versos con lengua y párrafos que dejan un olor insoportable a semen en la página. De ahí la seriedad, piensa entonces Millás, del filólogo, un tipo tan vicioso de lo suyo que necesita coartadas, necesita corbata, chaquetas con coderas de profesor, argumentos también, necesita academias, títulos, diplomas, condecoraciones, pues no hace otra cosa en su vida que manosear a la madre, a la lengua madre, mucho más aún que los escritores, pobres, que lo hacen todo a ciegas, que escriben con el empeño con el que el bebé golpea el pezón de la progenitora convencido de que ese pezón forma parte de él. Todo esto es lo que dice la lengua y la lengua vuelve locos a los que lo descubren. Volvió locos a Verlaine, a Rimbaud, a Poe y vuelve locos a quienes, sin escribir, revelan sus secretos. Alcanzado ese estatus, el de loco, sus palabras pierden el valor que se le supone a la información. El loco, según la creencia general, no informa, deforma.

—¿Por qué no me cuenta algo de la novela que tiene en la cabeza y que sin embargo no logra llevar al papel? —le preguntó un día su psicoanalista.

—Bueno —dijo Millás—, hay entre los escritores una superstición muy arraigada según la cual, si cuentas algo, lo gafas.

—¿Qué significa superstición?

—Superstición significa superstición.

—¿Cree que con eso agota el asunto?

Millás sostiene un silencio rencoroso. Micaela le lleva con frecuencia a estas situaciones de reto intelectual. Si no quiere quedar como un idiota, ha de ir un poco más allá.

—Está bien —reconoce—, la superstición es una forma de paranoia.

—¿Conoce usted la estructura del paranoico?

—No, solo sé que cree que le persiguen y que por lo general tiene razón.

—Verá —dice a sus espaldas Micaela—, el paranoico proyecta: cree que le van a robar algo porque a él le gustaría hacerlo.

—¿Y qué es lo que le gustaría robar al paranoico?

—Dígamelo usted.

—Quizá —aventura Millás para satisfacer a la terapeuta— le gustaría robarle la mujer a su padre.

—¿Por quién sería perseguido entonces?

—Por su padre, claro.

—¿...?

—Entonces es mi padre quien me impide escribir.

—Todo lo dice usted.

—No lo digo yo —concluye Millás recordando a Julia—, lo dicen las palabras.

En casa de Emérita reina la atmósfera que precede a las vigilias: esa noche no se va a dormir porque esa noche alguien va a morir. Cuando alguien muere, en la tradición de Millás, los demás permanecen despiertos. La vigilia por excelencia, en su infancia, era la de Viernes Santo. Después de que Cristo expirara, y tras una cena frugal, se acudía a la iglesia de la parroquia y se permanecía allí, despierto, haciendo compañía a la madre del fallecido. Dice Millás que sus padres no adoraban a Dios, adoraban el hecho de ser dueños de una religión. Les habría bastado una cualquiera, pero esta, se decía medio en broma, medio en serio, tenía la ventaja de ser la de verdad. ¿Cuántas religiones de verdad había, cuántas imitaciones imposibles de distinguir de las auténticas?

Millás no ha tenido valor aún para entrar en la habitación de Emérita. Ha visto salir de ella a Carlos Lobón y entrar en ella a Serafín y luego al cura Camilo. Millás dice que ha ido de acá para allá tropezando con Julia en la periferia de los hechos, como si la chica y él fueran las dos únicas personas prescindibles, o las más improductivas. Finalmente, para sentirse útil, decide retirar a Julia de la circulación llevándosela a su cuarto, donde, sentada ella en el borde de la cama y él en la silla de las alucinaciones verbales, la chica habla:

—¿Te has dado cuenta de que la frase «Emérita se va a suicidar» es minusválida?

Millás observa a Julia con el gesto de aprensión con el que nos asomamos al vacío, intentando resistirnos a su atractivo.

—¿Por qué va a ser minusválida? —dice.

—Porque no se expresa bien. ¿Tú crees que cuando dices «Emérita se va a suicidar» estás diciendo que Emérita se va a suicidar?

Millás medita unos instantes.

—No —confiesa—. «Emérita se va a suicidar» es una cáscara, una carcasa.

—Lo sé porque esta mañana ha venido a verme.

—Quién ha venido a verte.

—La frase **Emérita se va a suicidar**. A simple vista, le he dicho, estás bien, completa, no te falta nada ni desde el punto de vista del análisis morfológico ni desde el sintáctico. Se trata de una minusvalía interna, me ha dicho ella con pena, una minusvalía que no se ve.

—Ya —dice Millás—, vuelves a ver frases.

En esto se abre la puerta y asoma la cabeza Serafín:

—Millás, Emérita quiere verte.

Millás se dirige a la habitación de la suicida colocando un pie detrás de otro. La idea es la correcta, y de hecho progresa, pero progresa a trompicones como si sus piernas conocieran la teoría, pero no la práctica. Les falta coordinación, armonía, quizá un poco de fraternidad o de solidaridad, aquello capaz de hacer que la una trabaje para la otra y no en su contra. En el pasillo tropieza consigo mismo un par de veces, sin llegar a caerse, pero al fin alcanza su objetivo, la habitación de la enferma, en la que entra y cierra la puerta tras de sí. Emérita tiene mejor cara que nunca, tanto que Millás está a punto de decirle que su aspecto es inmejorable. No parece una premuerta, en fin, quizá no va a matarse, piensa Millás, sometido a tensiones internas de distinto signo.

Se sienta en el borde de la cama, cerca de ella, para tomarle o dejarse tomar las manos, como hacen a veces al hablar. Emérita está incorporada.

—Bueno, ya está —dice—. Han subido a peinarme de la peluquería. Serafín y Carlos me han hecho un lavado de cuerpo especial y me han puesto este camisón.

En efecto, hoy no está desnuda debajo de las sábanas. El camisón tiene algo de camisón de novia moderada, como si unirse a la muerte tuviera algo de celebración matrimonial, pero también algo de sexo, pues gracias a los arreglos de que ha sido objeto, Emérita muestra un lado algo procaz, oculto o desaparecido hasta el momento. También la habitación, especialmente limpia, desocupada y perfumada, descubre aspectos que la acumulación anterior no permitía apreciar. Ha desaparecido el gran televisor, con su carro, la pipa de fumar, la silla de ruedas, la trona... Alguien ha barrido de la mesilla de noche las medicinas y las cucharas, habitualmente sucias, de los jarabes, se han llevado los pañuelos de papel arrugados... No parece que alguien se vaya a ir, sino que alguien va a venir.

—¿Qué es eso? —pregunta Millás señalando el único frasco que ha quedado en la mesilla, un bote de plástico algo más grande que el envase de un yogur.

—El cóctel. Cuando llegue el momento me tenéis que traer un arroz con leche para que lo mezcle y me entre mejor.

—Ya.

Millás dice que se ha insensibilizado. Le ocurre siempre en las situaciones límite, sin que él tenga que hacer nada por provocar ese letargo. Se trata de un modo de defensa adquirido en la niñez. Sus síntomas físicos pasan por cierta rigidez muscular, cierta descoordinación motora y una ausencia absoluta de sentimientos. Ahora mismo es un corcho.

—¿Te has confesado? —pregunta señalando con la barbilla hacia la puerta, para aludir al cura Camilo.

—Sí —dice Emérita con una sonrisa—, por si acaso. Le he dicho que, llegado el momento, me dé también la extremaunción.

—Bien.

—Dice Camilo que no piense en el Dios de siempre, que, según la teología moderna, divinidad y poder no son términos equivalentes.

—¿Dios no es todopoderoso entonces?

—Por lo visto no. No ha podido hacer nada por mí, no podrá hacer nada por ti.

La idea de un Dios menesteroso induce, en Millás, a la piedad, a la compasión por ese Dios y por sí mismo. Un padre frágil, repleto de carencias también, un padre poco perseguidor, un padre que tolera el incesto.

—¿Por qué sonríes? —pregunta Emérita.

—Me viene a la memoria un personaje de Ernesto Sabato, en *Sobre héroes y tumbas*. Decía, cito de memoria, que Dios es un pobre diablo con un problema excesivo para sus fuerzas. A veces logra ser Brahms, pero la mayoría del tiempo es un desastre.

Emérita sonríe también.

—Eso significa que Dios somos nosotros. Hablando de nosotros, ¿qué vas a hacer con la pistola?

—No tengo ni idea, Emérita. Chéjov decía que cuando aparece una pistola al principio de una novela, alguien se tiene que suicidar con ella al final.

—Pero esto no es una novela.

—Es lo que estaba pensando yo, que esto no es una novela, de modo que no sé.

—Tú verás, pero júrame que no vas a utilizar esta historia. Olvídate del reportaje, no quiero irme del mundo como una militante de la eutanasia. ¿Vale?

—No, no vale —dice Millás—. ¿Ni siquiera cambiando los nombres y modificando las situaciones, para que no se reconozca?

—Ni siquiera así, júramelo.

—No.

—Júramelo.

—No.

—Júramelo.

—No.

—Menos mal —dice Emérita echándose a llorar y tomándole las manos—. Bueno, estas cuatro lágrimas son de gratitud, por todo este tiempo. Ahora déjame la cara como estaba.

Millás saca del bolsillo un pañuelo de papel y le limpia el rostro tratando de no estropear, o de restaurar cuando la estropea, la finísima capa de maquillaje que le han aplicado.

La hora prevista para el suicidio son las doce de la noche en Madrid, las ocho de la mañana en Sídney, donde vive la hija de la suicida. Emérita ha decidido empezar a morir a la misma hora en la que su hija empezará a despertarse. Rituales de la continuidad, piensa Millás, la necesidad de sentido, de finalidad, de dirección. Le viene a la memoria el caso de una amiga que parió al tiempo que moría la abuela de la recién nacida, a la que pusieron su nombre. Emérita ha disuelto ya el cóctel en el arroz con leche de fabricación industrial elegido para hacer la mezcla. El arroz con leche ha cambiado, en efecto, de color, tornándose azulado. En la cama se encuentran sentados Serafín y el cura Camilo, el primero junto a la cabeza de la enferma, el segundo junto a los pies. Carlos Lobón permanece cerca de la ventana. Finge estar ahí tan solo en calidad de médico, para actuar si sucediera algo imprevisto: que la suicida vomitara, por ejemplo. Julia ha buscado un rincón vacío en el que permanece sentada sobre un taburete. Millás ocupa una silla, la silla en la que se sentaban los médicos y las visitas de poca confianza. Solo está encendida la luz tenue de una lámpara colocada sobre la mesilla de noche y que deben de haber traído de otra habitación. Dice Millás que la contabilidad de los detalles periféricos le ayuda mucho en los reportajes, de un lado para combatir la angustia, cuando el asunto a cubrir es desasosegante; de otro, porque el sentido de las cosas suele encontrarse ahí, en la periferia. Emérita se ha tomado ya tres cucharadas y él ha mencionado para sí mismo en dos ocasiones la palabra «sentido».

Mientras la enferma continúa ingiriendo la pócima

con decisión, aunque sin prisas, a Millás se le ocurre que no hay ningún autobús del que no se sepa adónde va. ¿Metaforiza algo esa necesidad de sentido? ¿Por qué no existen líneas que vayan a cualquier parte para viajeros a los que les dé lo mismo ir a un sitio que a otro? Porque no hay, se responde, viajeros de esa clase. Todo el mundo quiere ir a algún sitio, necesidad universal reveladora de que no vamos a ninguno. Pongamos, se dice, sin dejar de prestar atención a cuanto sucede fuera, que el cuerpo es una suerte de autobús, un autobús del que está a punto de apearse Emérita. ¿En dónde, en qué parada? En cualquiera, porque el cuerpo es ese medio de transporte que carece de dirección. Si bien es cierto que de ninguna vida se podría afirmar, en sentido estricto, que es o ha sido falsa, porque todas, incluidas las falsas, han tenido una existencia cierta, a la lengua le gusta emplear esa distinción para transmitir por debajo la idea de dirección. Tendría que inventarse una forma menos drástica que la elegida por Emérita para bajarse del cuerpo. Tendríamos que bajarnos del cuerpo, que apearnos de la vida, como el que se baja de un autobús al que se ha subido por error. En cierto modo, el Millás de allá es un tipo que se ha bajado del Millás de acá.

Emérita, que ha terminado el cóctel, deposita, no sin esfuerzo, ya que la cama está un poco levantada, el envase y la cuchara en la mesilla de noche. Serafín no le ayuda porque no debe dejar huellas dactilares. La ficción, si la justicia investigara el caso, es que todo lo ha hecho por sí misma.

—¿Quieres que pongamos algo de música? —pregunta Serafín.

—No —dice Emérita—, la música me aturde.

Tras unos segundos de silencio, la enferma vuelve a hablar. Cuenta algo de un perro, un perro que hubo en su casa, cuando era pequeña, un perro prestado, dice, que les dejaron unos vecinos obligados a ausentarse unos días por el fallecimiento de un familiar. Luego resultó que quien tenía que fallecer no falleció, alguien se había apresurado en el diagnóstico; en cambio, el perro, que no tenía que morir, murió entre que los dueños iban y volvían.

—Fue mi primer muerto —dice Emérita—. Me acusaron de haberle dado algo, detergente o lejía, porque lo abrieron y tenía quemaduras por dentro.

Millás mira a Emérita y Emérita mira a Millás. Acaba de suceder entre los dos algo de lo que los demás no se han dado cuenta. Millás mueve ligeramente la cabeza, haciendo un gesto de negación, como para decirle a Emérita que no siga por ahí. Ella sonríe, cierra los ojos y entra enseguida en un sueño acompañado de una respiración ronca, estertórea. ¿Mató Emérita a aquel perro?

El cura Camilo sale entonces de la habitación, a la que regresa enseguida con el óleo sagrado con el que unge a la moribunda en la frente, en los párpados, en las orejas, también en las manos y en los pies. Al tiempo de dibujar la señal de la cruz en cada una de estas partes, murmura en latín la fórmula que se supone libera del desasosiego a la agonizante preparándola para el encuentro con el más allá. Actúa con una discreción extrema, como si temiera ofender a los presentes. Lejos de eso, el rito, en la medida en la que rompe el silencio y los distrae de la espera, también los reconforta.

Finalizada la ceremonia, Serafín se levanta de la cama y sale de la habitación seguido por Julia. Van a hacer café para todos. La suicida expira antes de tiempo, dentro del sueño, mientras su marido y Julia permanecen en la cocina. Emérita, piensa Millás, ha devenido en Desemérita. De ese modo habría que nombrar a los muertos: al que en vida se llamara Ignacio, Designacio; al que Carlos, Descarlos; a la que María, Desmaría...

DEL *DIARIO DE LA VEJEZ* DE MILLÁS

Me despierto a las tres de la madrugada con ganas de mear, y ello pese a que antes de acostarme me metí dos somníferos, en vez de uno. Tras sentarme pesadamente sobre el borde de la cama, como si la fuerza de la gravedad actuara sobre mis miembros de un modo excesivo, acumulo fuerzas para incorporarme y dirigirme al cuarto de baño. Si no tardo mucho, calculo, tampoco me despejaré demasiado y volveré a quedarme dormido enseguida al caer de nuevo sobre la cama. Ya de pie, soy un bulto más entre los bultos de la habitación, mezquinamente iluminados por la luz que se filtra a través de los visillos de la ventana. Al avanzar, descalzo, sobre la moqueta, advierto que las paredes de la habitación están llenas de agujeros como de metralla. Al otro lado hay una sombra que hace aproximadamente los mismos movimientos que yo.

Los azulejos del cuarto de baño parecen también un colador. Enciendo la luz, doy un par de pasos, apoyo la mano derecha en la pared rota y dirijo con la izquierda el chorro al centro de la taza del váter. En el otro lado, según compruebo a través de uno de los boquetes, alguien mea en idéntica posición a la mía. Me acerco un poco y distingo al Millás de allá.

—¿Qué haces ahí? —le digo.

—¿Que qué hago? He encontrado el sitio desde el que se deben observar las cosas si decides dedicarte a contarlas —dice él—. He dado con el emplazamiento de cámara definitivo, con el punto de vista absoluto.

—¿El Dorado?

—El Dorado, sí, idiota. Desde aquí se ve todo, se entiende todo. Este era el lugar.

Terminamos de mear, nos la sacudimos a la vez y luego, al tirar de la cadena, desaparecen los agujeros, quedando aislado cada uno en su dimensión.

19

Apenas unos días después del fallecimiento de Emérita, Millás visitará al cura Camilo, a quien hallará, tras diversas pesquisas, muy cerca de la parroquia en la que ejerce, en una casa baja de una calle de tierra, sin aceras, y castigada por un sol inclemente. Le abrirá la puerta el mismo cura, que le invitará a entrar en una suerte de salón arquetípico de clase baja con aspiraciones inconscientes a clase media, un salón en el que no faltará el televisor con paño de punto y escultura étnica, en este caso africana. No faltará el sofá de tapizado aproximadamente cubista ni el sillón de escay herido ni la mesita baja de café, ni la mesa camilla, rodeada de sillas. Todo estará desparejado, pues cada mueble provendrá de un mundo, de un estilo, de un contenedor de basura diferente. Presidiendo el salón, encima del sofá, habrá un tapiz viejísimo, seguramente con piojos, de la Última Cena. El suelo, aunque roto, estará limpio y en la atmósfera habrá un olor casi insoportable a marihuana.

Millás se disculpará por presentarse sin haber avisado antes.

—He ido a la iglesia —añadirá luego— y allí me han dado esta dirección.

—Aquí vivo —dirá Camilo—. Vivimos —añadirá al atravesar el salón, en dirección a otra dependencia, un par de jóvenes negros.

Millás entenderá el «vivimos» no solo referido a los chicos que acaba de ver, sino a una comunidad invisible y variable, de diferentes procedencias. El cura Camilo tendrá las pupilas dilatadas y los párpados caídos, como si se acabara de colocar, aunque fuera de esos síntomas evidentes Millás no apreciará en su estado de ánimo ni en su manera de actuar ningún otro síntoma característico. Como si la droga no le hiciera efecto alguno o se lo hiciera en una parte de sí mismo inaccesible a los demás.

El cura y Millás se sentarán en el sofá y el cura le preguntará si ha vuelto a la casa de Serafín y Emérita.

—No —dirá Millás—, he tenido mucho lío de trabajo. Además, pensé que sería mejor esperar unos días, por respeto a Serafín. Quizá me acerque mañana o pasado.

—No vayas —dirá el cura Camilo—, ya no están, se han ido.

—¿Se han ido dónde? —preguntará Millás con alarma.

—No lo sé, no querían que lo supiera nadie, se han ido.

Entre palabra y palabra, frase y frase, silencio y silencio, Millás procesará a velocidades cósmicas lo que escucha, combinándolo con lo que sabe. Y resultará que sabe más de lo que creía saber.

—¿Quieres decir que se han ido los dos juntos? —preguntará entonces.

—Sí, los dos juntos.

—¿Como pareja?

—Claro, como pareja.

—¿Tú lo sabías, Camilo?

—¿Tú no? —preguntará el cura.

Millás se sentirá un imbécil. ¿Qué manera de mirar era esa? No había sido capaz de ver lo que sucedía delante de sus narices.

—¿Y Emérita lo sabía? —preguntará ahora Millás.

—¿Emérita? Claro —responderá el cura con una sonrisa de incredulidad—. ¿Cómo no iba a saberlo?

Millás estará a punto de preguntar si la suicida, en parte, se ha quitado de en medio por amor, pero se reprimirá para no parecer aún más idiota.

—Es casi un incesto —dirá recordando que Julia se ponía a veces la ropa de la hija australiana de Serafín. Incluso la noche del suicidio llevaba una falda y una blusa de ella.

—Bueno, no sé —dirá el cura como por decir algo, con gesto de no entender la alarma de Millás.

—¿Y la casa? —preguntará el escritor.

—La han puesto a la venta, en una agencia que está dos calles más abajo.

Durante unos instantes, Millás imaginará que la compra, que compra la casa, y que la mantiene secreta para sí, para pasar en ella un día a la semana. Encerrarse en ella los jueves por la tarde, por ejemplo, y tumbarse en una de las camas —tendría que decidir en cuál— con la cabeza apoyada en las manos, entrelazadas a su vez debajo de la nuca, y los ojos clavados en el techo, dejando transcurrir las horas, a ver si sucedía algo, una revelación, por ejemplo, una catarsis, una muerte simbólica o real, la suya, una muerte que alumbrara a un Millás nuevo o que acabara definitivamente con él. En una novela, el personaje representado por Millás haría esto, comprar la casa y utilizarla para recogerse mientras llegaban las instrucciones de una instancia superior. Pero en una novela alguien, quizá él, se habría suicidado ya con el revólver que lleva en el bolsillo y que le ha traído hasta aquí, pues ha decidido entregárselo a Camilo.

—Verás —empezará a decir poniendo el arma sobre la mesa—, esto era de Emérita. Me lo dio a mí, pero creo que debes conservarlo tú. Me puede dar un infarto cualquier día, qué sé yo, o atropellarme un coche, y no me gustaría dejar este enigma, este falso enigma, a mi familia.

Millás le contará entonces la historia del revólver teniendo la impresión de que al contarla se deshace de ella, como se deshace del arma al dársela a Camilo. Es una historia que no quiere para sí porque hay en ella un exceso de realidad, quizá un exceso de ficción, que la hace inhábil tanto para un reportaje como para una novela, incluso para una novela falsa o un reportaje aparente. No le dice esto al cura, claro, el cura vive con los dos pies en la realidad y quizá estas especulaciones le parecieran dignas de una persona poco concienciada.

—Me dijo Emérita —añadirá Millás— que la habías confesado, de modo que tal vez no te he contado nada que no supieras.

Como el cura no responderá ni que sí ni que no, Millás preguntará ahora:

—¿Tú lees novelas?

—No —responderá el cura.

—Es lo que imaginaba, por eso también es bueno que te quedes con la pistola. Las pistolas, sin pretender ofender, son para personas sin imaginación. Si decides buscar a los herederos del muerto para contarles la verdadera historia sobre la muerte de su padre, dímelo y te daré los datos, creo que los tengo localizados.

El cura se inclinará sobre la mesa y tomará el revólver de forma desmañada, como si solo le interesara calcular su peso. Entonces atravesará el salón, de camino a otra estancia, una especie de yonqui arquetípico, en camiseta y con pantalones de chándal, que al ver el arma se acercará.

—Qué guapa —dirá tomándola de las manos del cura—, un 38. ¿Está limpia?

—Parece que sí —dirá el cura.

—¡Guay! —dirá el yonqui arquetípico devolviéndole la pistola y continuando su camino.

El cura la dejará sobre la mesa baja de café, como el que abandona en la peluquería una revista que acaba de hojear sin ganas. La realidad, se dirá Millás a sí mismo, la realidad, qué mierda, tratan un revólver como si fuera un cenicero. Pero el que le daría el trato adecuado, que soy yo, no se atreve a tenerlo.

—Tú —preguntará el cura—, ¿por qué ibas a casa de Emérita?

—Empecé a ir por ella, por Emérita. Carlos Lobón insistió en que tenía un buen reportaje, aunque yo ya había escrito una cosa sobre la eutanasia y no era cuestión de insistir. Bueno, empecé a ir por Emérita y porque en esa misma casa viví de joven, casualidades de la vida. Cada visita a la casa de Emérita tenía algo de viaje al pasado, en parte por la casa misma, pero en parte también porque Julia me recordaba a una chica de entonces, de mi juventud, que terminó mal, con un brote psicótico debido al consumo de un estupefaciente.

—Ya —dirá el cura.

—Yo llevaba una temporada —continuará Millás en tono de confesión, como aprovechándose de la condición de Camilo— muy larga sin escribir nada, fuera de los trabajos para la prensa, en donde, ya sabes, si tienes que entregar el jueves, tienes que entregar el jueves. Nadie, en cambio, te manda escribir una novela. El caso es que Julia, como digo, aparte de recordarme mucho a María, tenía unas alucinaciones, o eso aseguraba ella, muy curiosas. Se le aparecían frases y palabras que le hablaban de sí mismas.

—A otros se les aparece la Virgen —dirá el cura Camilo con una sonrisa condescendiente.

—Solo que las alucinaciones de María eran muy novelescas y luego empezaron a resultar muy críticas con la lengua, como si la lengua fuera un virus capaz de meterse en nosotros, en cada uno de nosotros como individuos y en todos como sociedad, para construir caracteres y psicologías y determinar acciones y diseñar vidas en función de unos intereses que no eran los nuestros, sino los de ella, los de la Lengua.

—¿La lengua tiene intereses propios? —preguntará el cura.

—Bueno, no sé, parece que sí.

—¿...?

—Todo esto —añadirá Millás—, era una locura, desde luego, aunque una locura muy novelesca, muy bien armada. Una locura que tenía gracia. Llegué a pensar que quizá con los materiales de sus alucinaciones pudiera construir una especie de gramática alternativa, una gramática que fuera a la vez una antigramática, una especie de suicidio de la gramática. Me pasaba disparates gramaticales como tú pasas maría y de repente me he quedado sin camello, sin historia. Me subí a un autobús que no iba a ninguna parte y me han echado de él en cualquier sitio.

—Lo más probable es que se le hubieran acabado los disparates gramaticales.

—Quizá.

—Serafín y Julia eran dos ángeles en un mundo de gente mezquina, de gente que se pasa la vida haciendo cálculos contables.

Millás pasará por alto este último comentario y continuará hablando de Julia.

—Luego tenía estas historias con los chinos. ¿Sabías que su madre está casada con un chino que, según Julia, le perseguía durante su infancia?

—Se lo contaba a cualquiera que quisiera escucharlo.

—¿Y sabías que por su cabeza pasaba de vez en cuando un cartero analfabeto que le pedía ayuda para leer las direcciones de las cartas?

—Claro.

—¿Y sabías que en cierta ocasión una de esas cartas iba dirigida a la misma Julia?

—Sí —dirá el cura—, lo bueno es que unos días después la recibió, recibió esa carta.

—¿Qué dices? —dirá Millás como si el cura hubiera soltado un despropósito.

—Que recibió la carta.

—¡Venga ya! ¿Y de quién era?

—No sé, tratándose como se trataba de un ángel, podría ser del mismo Dios.

Millás advertirá que Camilo se estaba expresando de forma literal. Cuando decía «ángel», quería decir ángel. Y cuando decía «Dios» quería decir Dios. Por un momento, atravesará su cabeza la idea de que la carta fue enviada, en un gesto de caridad, por el mismo Camilo. Entonces sufrirá uno de sus desdoblamientos reales y del Millás de acá se desprenderá el Millás de allá, que le dirá: Fíjate, este hombre es perfecto para Dios; está donde menos se le busca, no tiene insignias ni uniforme, no le consumen los deseos que nos consumen a ti y a mí. Esta habitación, Millás, podría ser perfectamente la cabina de mandos del Universo. ¡Esto sí que es una exclusiva, tío! Imagínate, un reportaje sobre Dios. Olvídate de Julia, de Serafín, de Emérita, el personaje es Dios, encarnado en Camilo, lo has tenido todo este tiempo delante de las narices y no lo has visto.

—¿Le dijiste a Emérita —preguntará Millás— que Dios no era todopoderoso?

—Sí, le tranquilizaba mucho esa idea.

—¿Se lo decías porque le tranquilizaba?

—Por eso y porque es verdad. Dios no lo puede todo. No puede, por ejemplo, invadirnos.

—¿Qué es lo que le distingue de nosotros?

—El amor —dirá el cura—. Nosotros no amamos de verdad. Él sí.

20

Millás llevará dos sesiones sin acudir a terapia. Lo ha evitado porque no tiene las ideas claras. Se supone que el análisis sirve en parte para aclararlas, pero Millás pertenece a esa clase de gilipollas que intenta analizar a su analista, venderle el pescado a su pescadero, editar a su editor, ponerle una multa a su guardia de tráfico... Siempre quiere estar en el lugar del otro. A veces, se desdobla para ponerse en el lugar de sí mismo. Detesta su lugar, los suyos, pues ha estado en muchos lugares a lo largo de la vida sin hallarse en ninguno.

—¿Sigue tu psicoanalista enferma? —le preguntará su mujer al verlo ir, inquieto, de un lado a otro de la casa.

—Sí —mentirá él.

El caso es que ese mismo día, al caer la tarde, y como si lo de la enfermedad falsa hubiera sido una premonición, recibirá la llamada de alguien que le comunicará que Micaela, su terapeuta, ha fallecido. Otro autobús del que acaba de ser expulsado.

Millás estará ahora sentado en su silla de trabajo, con los pies encima de la mesa, muy cerca del ordenador. Habrá caído en una de esas ensoñaciones a las que es tan dado. Se encuentra en la consulta de su psicoanalista, tumbado en el diván, observando el mapa de ningún sitio del techo. Detrás de él notará la presencia silenciosa de Micaela. La terapeuta estará muerta, como en la vida real. Millás le preguntará:

—¿Le hablé de los autobuses que no van a ningún sitio?

—¿Es eso lo que piensa de la vida, que no va a ningún sitio?

—Claro, por eso nos vuelve locos el sentido, porque es precisamente de lo que carecemos. Y por eso nos gustan tanto las novelas, porque salen de aquí y van allí.

—¿Todas las novelas salen de un sitio y van a otro?

—Bueno, no todas. Hay novelistas que detestan el argumento. Pero sí todas las que tienen lectores ingenuos. Las que tienen éxito.

—¿Y usted no es capaz de escribir ya una novela de esas?

—No, ni siquiera una en la que te subieras en cualquier capítulo y te bajaras en cualquier otro.

—¿Es lo que le sucedió a Emérita, que se subió a la vida en cualquier sitio y se bajó en cualquier otro?

—Quizá no —dirá Millás pensativo—, quizá llegó a un sitio.

—¿A qué sitio?

—Me da vergüenza decírselo...

—¿...?

—Bueno, parece que llegó al amor.

—¿Al amor? —preguntará entonces la psicoanalista muerta.

—Es un modo de decirlo. Yo sentí que ella se fue de la vida amando, intentándolo al menos, comprendiendo el espectáculo del amor. Intentar amar ya es una forma de amar.

—¿Y ese es un buen fin de trayecto?

—No es malo. ¿Sabe por qué la elegí, en parte al menos, a usted como terapeuta?

—¿Por qué?

—Porque tenía casi ochenta años.

—¿Y?

—Bueno, desde el punto de vista estadístico tenía más posibilidades de morirse durante la terapia que una de cuarenta.

—¿Fantaseó usted que me moriría durante la terapia?

—Muchas veces.

—¿Y eso?

—Creo que quería tener la experiencia de una orfandad verdadera.

—Pero yo no soy su madre.

—Por eso mismo, una orfandad verdadera solo puede ser falsa.

—¿Entendiendo por falsa una orfandad legal, al modo en que una novela falsa es una novela legal, también al modo en que la metadona es la versión legal de la heroína?

—Lo ha entendido perfectamente.

—¿Y qué tal le va con la orfandad falsa?

—Muy bien, me ha servido para liberar lágrimas verdaderas.

—¿Conoce el peligro de las fantasías cumplidas, de las plegarias atendidas?

—Creo que hacen más daño las no atendidas.

La terapeuta muerta y Millás caen en uno de esos silencios durante los que el paciente hace cálculos mezquinos sobre el dinero que le cuesta cada minuto. Al final, interviene de nuevo Millás.

—Dígame una cosa, ¿usted me quiso?

—¿Cree que un paciente como usted, que sabe más o menos en qué consiste el psicoanálisis, le puede preguntar eso a una psicoanalista ortodoxa como yo?

—Si está muerta, sí, qué más le da ya todo. ¿Usted me quiso?

—Sí —confesará la terapeuta fallecida—. ¿Y usted a mí?

—A usted no, a lo que representaba.

—Tenemos que dejarlo por hoy —concluirá la terapeuta muerta.